시장에서 영희를 만나다

정훈모 수필집

시장에서 영희를 만나다

2014년 10월 30일 초판 1쇄 발행

지은이 정훈모 | 펴낸이 김은영 | 펴낸곳 북 나비
출판신고 2007년 11월 19일 제380-2007-00056호
주소 143-835 서울시 광진구 자양로23길 65 (구의동, 1층)
전화 (02)903-7404, 팩스 02-6280-7442
booknavi@hanmail.net
www.booknavi.co.kr

ISBN 978-89 993682-73-1 03810
값 13,000원

이 도서의 국립중앙도서관 출판예정도서목록(CIP)은
서지정보유통지원시스템 홈페이지(http://seoji.nl.go.kr)와
국가자료공동목록시스템(http://www.nl.go.kr/kolisnet)에서 이용하실 수 있습니다.
(CIP제어번호 : CIP2014031123)

시장에서 영희를 만나다

정훈모 수필집

북나비

내 삶의 길라잡이

얼마 전에 필리핀 세부에 다녀왔다. 거기서 호핑투어를 했는데 바닷속 풍경이 장관이었다. 수영을 못하는 나는 구명조끼를 단단히 여미고 보트에서 바다 한복판으로 들어갔다. 줄을 잡아주며 이리저리 안내하는 선원의 뒤를 따라가며 두려움이 밀려왔지만, 호기심과 용기를 가지고 헤엄쳐 따라가니 색다른 재미와 구경거리가 기다리고 있었다.

인생이란 항해에서 길라잡이를 만나는 것은 아주 중요하다. 고(故)윤모촌 선생님을 만난 것은 행운이었다. 20년 전 선생님과 공부하며 수필에 대한 열정과 기쁨, 그리고 자존심을 배웠다. 체재공의 지조 있고 의연한 자존심을 좋아하시던 선생님은 우리들에게 세상을 보는 역사관과 사회관, 생활관에 대해 많은 가르침을 주셨다.

문학을 한다는 것은 언어로 삶의 조각들을 짜 맞추어 그 속에 의미를 부여하는 일이다. 특히 수필은 그 사람의 인생 여정이 그대로 거울처럼 투영된다. 언어가 주는 의미와 질서가 좋아 책을 읽으며 글을 썼고 이야기를 나누었다. <골드바흐의 추측>의 페트로스처럼 언제나 최고의 아마추어로 남는 것이 좋다며 주춤거렸고, 프로라는 말이 어색하여 서성거리다 가뭇없이 세월만 흘렀다.

한고비 넘기면 또 한고비…. 수많은 고통이 지나갔다. 새로운 탄생과 돌연한 죽음 앞에서 어쩔 수 없이 당해야 했던 병고는 나를 나약하게 만들었으며 수많은 사람과의 인연들이 스치고 지나갔다. 나를 일으키는 힘은 가족들과 친구들, 남태령 문우들의 사랑과 격려였다. 모자라는 부분이 많지만, 용기를 갖고 세상에 내 글들을 띄워 보낸다.

2014년 가을

용인에서 雲海 정훈모

차례

2. 이 또한 지나가리라

3. 그리운 사람을 만나다

4. 꽃점을 치며

5. 사그막골 이야기

1.

그래도 꽃은 핀다

올해도 벚꽃이 흐드러지게 피었다. 흩날리는 꽃길을 걸으며 아버지를 생각한다. 팔순이 넘어도 여전히 고운 우리 어머니를 모시고 능수벚꽃 그늘에서 활짝 웃으며 손을 잡고 사진을 찍고 싶다.

꿈, 그대 가슴에도

김남희라는 도보 여행가를 만났다. 《소심하고 겁 많고 까탈스러운 여자, 혼자 떠나는 여행》이라는 책에서. 스페인의 산티아고 가는 길은 세상에서 가장 아름다운 길이라고 한다. 천 년이 넘는 세월 동안 무수한 사람이 조개껍데기를 배낭에 달고 지팡이를 짚으며 걸어간 길이다. 예수의 제자였던 야고보가 복음을 전하기 위해 걸었던 길. 그래서 길의 끝에 그의 무덤이 있다. 순례자들의 길이며 영적인 여행길이다.

파리의 바욘 역에서부터 시작하는 이 여정은 프랑스, 스페인 국경에서 시작해 피레네 산맥을 넘어 스페인 북서쪽 산티아고까지 800km가 넘는 길로 하루에 20, 30km씩 걷는다고 해도 한 달이 넘는 여정이다. 그녀 역시 이 길을 걸으며 무수히 묻는다. '너는 왜 카미오에 왔니? 무엇을 찾고 있니?' 긴 여정을 마치며 그녀가 깨달은 것은 자유로운 영혼과 상상력, 정직과 용기로 가득한 삶이다. 길을 걷는 동안 내내 어른거리는 한 사람의 얼굴, 사랑이라는 이름도 부정하며 그녀는 계속 '나가라고 앞으로 계속 가라고.' 하는 내면의 소리를 듣는다. 그녀의 두려움과 소망이 가슴에 와 닿는다.

파울로 코엘료의 《연금술사》를 읽으면서도 산티아고 그 길을 마음에 담고 있었는데, 이 책을 읽고 새삼 그 길을 걷고 싶다는 소망을 품어 본다. 가끔은 일상의 일탈을 꿈꾸며 여행을 하곤 했지만, 아직까지 혼자서 길 떠나 본 적이 없는 나는 더욱 깊고 많은 공감을 하며 그 책과 함께 상상 속에서 길을 걷는다.

우리는 어디로 갔다가 어디서 돌아왔느냐 자기의 꼬리를 물고 뱅뱅 돌아왔을 뿐이다. 대낮보다 찬란한 태양도 궤도를 이탈하지 못한다. 태양보다 냉철한 뭇별들도 궤도를 이탈하지 못하므로 가는 곳만 가고 아는 것만 알 뿐이다. 집도 절도 죽도 밥도 다 떨어져 빈 몸으로 돌아왔을 때 나는 보았다. 단 한 번 궤도를 이탈함으로써 두 번 다시 궤도에 진입하지 못할지라도 캄캄한 하늘에 획을 긋는 별. 그 똥. 짧지만 그래도 획을 그을 수 있는 포기한 자 그래서 이탈한 자가 문득 자유롭다는 것을.

—김중식 <이탈한 자가 문득> 중에서

그녀를 만난 곳은 헬스장이다. 동네에 있는 조그만 곳이라 모든 회원이 한 가족같이 서로 인사를 나누며 운동하는 곳이다. 처음 그녀를 보았을 때 나는 그녀의 육중한 몸매가 놀라워서 흘깃 보고는 피했다. 회원들과 웃고 떠드는 그녀의 큰 목소리도 듣기 싫어, 저만치 멀리 떨어져 운동하곤 했다.

그러던 어느 날 그녀는 나를 보고 "아줌마도 보기보나 뱃살이 많네. 근데 왜 열심히 안 나와요. 등산 좋아하세요?" 하며 말을 걸어온다. 그때야 그녀의 얼굴을 자세히 보았다. 큰 바위 같은 얼굴이지만 동그란 눈매가 귀엽다. "네?" 마지못해 대답하는 나에게 주저 없이 계속 말을 걸고 이야기보따리를 풀어놓는다. 그 후 그녀는 나만 보면 가까이 다가와서 이런저런 이야기를 한다.

19살에 결혼해서 무능력하고 가부장적인 남편과 세 아이 뒤치다꺼리하느라고, 35년을 보냈는데 스트레스로 살이 찌기 시작했단다. 그녀는 식욕과의 투쟁으로 하루 하루가 전쟁이라고 한다. 그렇게 살과의 전쟁으로 만신창이 되었지만, 이제는 아이들이 다 크고 딸아이가 매달 용돈을 주어, 요사이는 산에 다니며 사람 만나는 재미로 살고 있단다. 이제 남은 소망은 혼자 배낭을 메고 세계 일주를 떠나고 싶다고 한다. 듣다 보니 그녀의 고통과 소망이 내 가슴에도 전해진다.

'외로워, 사랑해 줘, 그리고 부족하고 힘들어….' 하지만 나는 그들의 고통을 어떻게 해주지는 못한다. 그러나 귀 기울여 들어주고 가만히 안아주며 등 두드려줄 수는 있다. 세상에는 얼마나 많은 여자들이 편견과 억압 속에서 피 흘리고 있는지, 지금도 여기저기서 투쟁하는 소리가 들린다.

어린 시절 집안의 맏딸로 모든 면에서 모범이 되어야 한다는 부모님의 말씀보다는 늘 집 밖의 세상, 언덕 저편의 세상을 상상하며 가출을 꿈꾸곤 했다. 학교를 졸업하자마자 '항공회사에 다니니 여행은 평생 공짜로 할 수 있다.'는 남자의 말만 믿고 반대를 무릅쓰고 용감히 결혼했다. 하지만 결혼은 또 하나의 족쇄인 것을 그때는 몰랐다. 어느 날 어딘가를 헤매고 있는 꿈속의 나를 보았다. 마음의 상태가 꿈으로 나타난다고 하더니, 나의 이상, 꿈, 희망 등을 기억의 창고에서 끄집어내 비디오처럼 보여주고 있었다. 문득 깨닫고 보니 '나는 얼마나 자유롭게 살고 있나?' 하는 의문이 들었다. 그래서 자유롭기 위해 많은 싸움을 했다.

살면서 욕구들은 점자 난세를 밟아 나아가는데 나는 늘 사회적 요구와 자존감에 대한 욕구불만으로 힘들어했다. 인정받기 위해 이곳저곳 찾아다니며 갈구했으며 자존심을 위해 싸웠다. 진정한 행복을 꿈꾸며, 자아실현을 위해 종교를 찾고 책을 읽었고, 그리고 여행을 떠났다. 생의 한가운데에 서서 지나간 시간을 뒤돌아보면, 내가 서 있는 바로 이 지점이 바로 나인 것을 깨닫게 된다. 나를 인정하고 더불어 또 다른 나, 타인을 존중해야 나의 존재가 실재함을 느낀다.

반평생을 살고 이 나이가 되고 보니 투쟁과 피 흘림보다는 때를 기다리고 준비하라고, 밤이 깊어도 새벽은 오고, 우리의 소망은 이루어진다고…. 우리 모두 자신을 믿고 가는 수밖에 없다고 말하고 싶다. 나는 잠잠히 기다릴 뿐이다.

오늘도 그녀는 주절주절 넋두리를 늘어놓는다. 나는 그녀가 용감히 일어나 떠나주기를 기도한다. 이탈했다 두 번 다시 돌아오지 못 할지라도.

항아리 속의 보물

이사를 하면 많은 물건을 버리게 된다. 그중에서 항아리들을 정리하면서 가장 아쉬움이 많았다. 처음 신혼살림을 차리고 이사하던 날 친정어머니와 시어머니께서 장을 담가 나누어 주셨던 것들과 그간 30여 년 동안 내가 사 모았던 것들을 주택에서 아파트로 이사하니 정리할 수밖에 없었다. 요즈음 대부분 아파트에 살다 보니 직접 장을 담가 먹는 사람들이 드물다

장은 물과 햇볕과 바람에 따라 맛이 좌우된다. 친정어머니는 장 담그는 날(음력 정월에 말(午) 날)을 받아서 성성을 나해 행사를 치렀으며 꼭 막장을 담으셨다. 막장은 간장을 빼지 않고 담그는 된장으로 영양이 많고 구수하여 일 년 내내 된장찌개 맛을 좌우한다. 오랫동안 묵은 된장은 약으로도 쓰여서 귀히

여긴다. 어머니가 알려주신 막장의 비법은 보리밥을 삭혀서 같이 버무리는 것으로 소금간이 비법이다. 간수를 뺀 천일염을 10일 지나 10일, 그리고 20일 간격으로 세 번 넣어 익힌다. 따뜻한 햇볕과 할랑한 바람과 산에서 길어온 약수와 정성이 혼합된 된장은 항아리 속에서 노란 황금빛을 띠며 익어간다. 조금 조그만 옹기에 담긴 된장 고추장 항아리들을 보고 있으면 내 식구들같이 느껴져 이리저리 쓰다듬고 닦아주면 대견스러워 흐뭇하다.

친정어머니는 그 비법을 큰딸인 나에게 전수해 주었는데 나 역시 단출한 식구와 식생활의 개선으로 점점 고추장 된장을 적게 먹다 보니, 매년 담그던 것을 이제는 해를 건너가며 담그게 된다. 나도 며느리나 딸에게 전해주어야 할 텐데 어찌 될지 모르겠다. 가끔 큰 절에 갔다가 항아리들이 즐비하게 늘어 서 있는 모습들을 볼 때마다 옛날이 생각나 하염없이 바라보게 된다. 또 종갓집의 항아리들과 여염집의 장독대에 옹기종기 늘어선 항아리들도 보기 좋다. 항아리는 생김새와 크기에 따라 쓰임새가 다르고 대접이 다르다. 큰 놈은 대갓집 마나님 같은 풍채로, 턱 자리 잡고 앉은 자태가 넉넉하다. 우리 집 그놈도 시어머니가 주신 것으로 간장을 담아 몇 년을 묵혀가며 먹고 있다. 그 옆의 자그마하지만 앙증맞게 엉덩이를 펼치고 앉은 고추장 항아리는 새댁같이 어여쁘고 빛깔도 고와 자꾸 쓰다듬게 된다. 그리고 중간 크기의 된장 항아리는 처음 거금을 주고 내가 산 것이라 더욱 정이 간다. 그밖에 자그마하지만, 오이지를 담가 먹는 항아리와 젓갈 담가 먹는 항아리 등등 20여 개가 일가를 이루고 있다. 그들은 숨을 쉬고 있어 그 안에 담겨 있는 음식들을 발효시키고 살아나게 하는 힘이 있다. 생명을 길러내는 모습이 마치 우리 어머니들을 닮아 보고만 있어도 푸근해진다.

주택에서는 보통 장독대를 어디다 만들 것인지 고민하였고, 대부분 마당 한컨에 볕이 잘 드는 곳에 타일을 붙여 밑에는 광을 만들고 그 위에 장독대를 설치하곤 했다.

초등학교 시절 나는 가끔 장독대에 올라가서 항아리에 기대어 앉아 하늘을 보곤 했다. 따뜻한 어머니 품속 같은 그곳에서 나는 먼 산 바라기를 자주 하곤 했다. 여름이면 장이 익어가는 냄새를 맡으며, 그곳에서 소꿉장난도 하고 숨바꼭질도 했다. 그리고 소중한 것이 있으면 빈 항아리 속이나 장독 밑에 숨기곤 했다. 다섯 형제에 외삼촌들까지 우리 집에 같이 살던 때라 동생들과 같이 쓰는 책상 서랍에는 마땅히 숨길 곳이 없었다. 그러다 가끔 들켜서 내려오다 장독을 깨서 할머니에게 혼이 난 적도 있다. 그 당시는 야단치시는 할머니를 원망했었는데 주부가 되고 보니 이제는 당시 난감했을 그 심정이 이해된다. 그때는 항아리들이 큰 재산이라도 되는 것처럼 아끼고 사 모으고 자랑하기까지 하던 시절이었다.

여름이면 행사처럼 오이지를 담을 때도, 오이를 켜켜이 잘 넣어야 반접을 넣을 수 있다. 빈 곳을 채워놓고 방방한 누름돌을 가지런히 놓아야, 뜨거운 물을 부어도 뜨지 않는다. 이렇게 항아리에 물건을 넣을 때는 공간을 잘 보며 넣어야 한다. 큰 것부터 마구 넣으면 몇 개 넣지 못하고 가득 차 버린다. 항아리에는 쌀, 콩, 팥, 오이지, 매실 등 큰 것부터 작은 곡식 한 알까지 담았다. 덕분에 우리 여인네들은 작은 꿈에서 큰 꿈까지 넣어두곤 했었다.

지난겨울 나는 또 이사했다. 일생을 살면서 마지막 이사이기를 바라며 짐을 정리하고 물건들을 처분했다. 신도시 새 아파트에 입주하다 보니 그동안 손때가 묻었던 자개장롱도 버리고 시집올 때 가져왔던 병풍도 버리고 묵은 살림 이것저것을 많이 버리고 필요한 사람들에게 나누어 주었다. 그런데 문제는 항아리였다. 아무도 원하지 않았던 큰 항아리를 시골 친척에게 보내며, 돌아가신 시어머니가 생각나서 가슴이 아팠다. 치매로 고생하다 마지막에는 아들도 몰라보며 헛소리를 하는 어머니를 보내고 잘 가셨다고 했지만, 지난 구정에 차례를 지내며 헛헛한 마음을 어찌할 수 없었다.

끝내 버릴 수 없어 가져온 오이지 항아리를 현관문 앞에 놓고 그 위에 군자란 화분을 놓았더니 꽃이 피었다. 그 옆 다듬잇돌 위에 놓인 홍콩야자나무 화분도 덩달아 화사해 보인다. 소철 화분도 버릴까 하다 들고 왔더니 같이 모여 운치를 이룬다. 햇볕이 좋은 베란다에는 된장, 고추장, 간장, 매실액 그리고 소금을 담은 5개의 작은 항아리들도 옹기종기 자리를 잡았다. 살림살이들이 이제 조금씩 눈에 익어간다.

한식날 성묘를 하고 시아버님을 다시 요양병원으로 모셔드리고 돌아오며 피곤해 졸다, 문득 눈을 뜨니 창밖의 풍광이 봄빛에 어른거린다. 바람에 떨어지는 봄꽃이 지고 또 한 해가 가고…. 운전하는 남편의 희끗희끗한 머리카락이 목에 가시처럼 걸린다. 봄꽃 다 떨어지기 전에 큰 절에 항아리나 보러 다녀와야겠다. 혹시 어릴 적 숨겨놓은 보물이 남아있는지도 찾아봐야겠다.

낯선 시간 속으로

우리들은 시간에 대해 무심히 생각하며 살아간다. 생활 속에서 시간은 너무 밀착되어 있기 때문에 아무 생각 없이 받아들인다. 나는 시간을 '마야(maya), 곧 환영(幻影)'이라고 생각하는 인도인들의 사유방식에 공감한다. 시간이 마야라는 것은 영원한 존재로 한정시키는 힘이라는 뜻도 있지만, 덧없는 것, 허망한 것이라는 의미가 느껴진다. 허공에 핀 꽃을 보고 실제인 양 좋아하고, 곧 물거품으로 사라질 큰 파도를 무서워하듯이 시간은 실재하지 않는 것을 실재하는 것으로 착각하게 하는 힘이 있다. 그래서 같은 시간이지만 길게 느끼거나 짧게 느끼기도 한다. 똑같은 시간이 흐르고 있는데도, 자신의 마음에 따라 지루하거나 재미있게 느껴진다. 시간은 각자의 느낌과 가치관에 따라 발전적으로 사용할 수도 있고 낭비할 수도 있다.

얼마 전 TV에서 <세상에 이런 일이>란 프로그램을 보았다. 신기한 사건이나 예상하지 못한 일을 한 사람들을 소개하는 내용이다.

봉천동에 산다는 '거꾸로 아저씨'는 5년 동안을 뒤로 걸어 다녔다고 한다. 보기에는 40대 중반의 보통 사람처럼 평범해 보였다. 사연을 들어보니 어느 날 형제들이 모여 돼지고기를 구워 먹었는데, 10형제 중 9형제가 식중독으로 죽었다. 그 일로 심한 충격을 받은 그는 죽은 형제들을 위해 할 수 있는 일이 무엇일까 고심을 하다, 속죄하는 마음으로 거꾸로 걷기 시작했다고 한다. 옛날이 그립고, 시간을 거꾸로 돌리고 싶어서 뒤로 걷기로 했다는 이야기다.

어디를 그렇게 매일 걷느냐는 물음에 "세상을 버리고 싶어…", "아무 데나 갈 거야…"라고 무심히 말한다. 그는 뒤로 걷다 보면 스쳐 가는 모든 사람이 다 괜찮아 보인다고 말한다. 사연은 딱해 보였지만, 그를 보니 신기하면서도 마치 시간 속에 갇혀 있는 듯했다.

생각해보니 나 역시 거꾸로 살았던 적이 있었다. 대학에 들어가자 세상 돌아가는 모습에 관심을 두게 되었으며, 역사를 공부하는 동아리에서 만나는 선배들의 말이 대단해 보였다.

진정한 민주주의란 무엇이며, 마르크스에 몰두해서 공부하며 토론에 가슴이 떨리던 시절이었다. 그 당시는 유신 시대라 말도 함부로 할 수 없었지만 문학 하는 친구들은 거리낌이 없었다. 우물 안 개구리처럼 조그만 하늘만 보던 나는 그 선배들이 대단해 보였다. 그 영향 탓인지 내가 처한 현실에 대한 강한 반발심을 가졌고, 당시 고위공무원이었던 아버지가 하는 일조차 비판하곤 했었다.

봉건적이고 고루했던 아버지는 여자가 문학을 하면 팔자가 사나워진다고 생각했으며, 큰딸의 방종을 용납하지 않았다. 급기야 아버지는 금족령을 내렸고, 학업도 포기하라는 위협을 받았다. 수없는 회유와 협박에 깊은 좌절에 빠졌고, 멈추어 버린 시계처럼 주저앉고 말았다. 그리고 아버지의 그늘을 벗어나는 방편으로 결혼만이 유일한 탈출구인 양 도망치고 말았다.

그 후 십수 년을 한 줄도 책다운 책을 볼 수 없었다. 나도 모르게 결혼생활에 안주하며 나날을 보내고 있었다. 문득 떠오르는 상념들은 나를 우울하게 했으며, 자기 세계 속에 갇혀 버리는 것은 아닌가 하는 두려움에 삶을 힘겨워하곤 했다.

지금도 인생에서 가장 행복하고 건강했어야 할 이십 대를 생각하면, 낯선 시간 속에서 헤매며 뒷걸음친 시절처럼 느껴진다. 낯선 시간의 경험은 자신의 진짜 모습을 볼까 봐 두려워했기 때문이다. 그러나 생각해 보면 사람이 살면서 어떤 일이 앞으로 가는 것이고 어떤 일이 거꾸로 가는 것인지 딱히 말할 수 있는지 모르겠다. 사람들은 뜻밖의 재앙을 만나거나 조금만 불행한 일을 당해도, 왜 이렇게 어려운 일이 나에게만 닥치나 생각한다. 그러다 거꾸로 아저씨처럼 정신이 나약한 사람들은 자기 세계 속에 갇혀 버리고 만다.

세상사(世上事)는 소견 좁은 인간의 머리로는 풀 수 없는 많은 문제가 산재해 있다. 해답 없는 문제는 없다고 하듯이 가만히 생각해 보면 그 속에 해답은 있을 것이다. 다만 두려워하는 마음에 그 문제에 갇혀 버리는 것인지도 모르겠다.

사람들은 가시적인 시간 속에 태어났다가 보이지 않는 시간 속으로 사라진다. 치매에 걸린 노인이 어처구니없는 행동을 하는 것도 시간 속에 갇혀버린 것은 아닌지… 이렇게 우리의 삶은 영원한 것이 아니다. 우리가 지향하는 영원은 바다와 같고 허공과 같이 무한할 것이다. 거기에는 차별이 없고 분별심도 없다. 그곳에는 모든 만물이 평등하고 자유와 사랑이 있을 것 같다. 물과 같이 자연스럽게, 어린아이와 같이 순수하게 살 수 있다면 가능한지도 모르겠다.

요사이는 건강에 좋다며 가끔 뒤로 걸어 다니는 사람들도 있다. 나도 해보았지만 쉽지가 않다. 특히 성정이 급하고 평형감각이 무딘 나는 10분도 걷지 못하고 답답함을 느낀다. 10분이 한 시간처럼 느껴진다. 뒤로 걷는 아저씨를 보면서 뒤로 걷는다고 죽은 형제들이 살아오는 것도 아니고 시간이 거꾸로 흐르는 것도 아니지만, 감동이 오는 것을 보면 그분의 마음이 느껴지기 때문이다. 그렇게 행하는 것이 속죄하는 길이고 마음의 평정을 찾을 수 있다면 그것으로 충분할 것이다.

나도 언젠가는 영원으로의 낯선 시간 여행을 떠날 것이다. '거꾸로 아저씨'는 나에게 그동안 어떻게 살아왔는지, 남은 시간 동안 어떻게 살아갈 것인가 하는 화두를 던져준 선지식처럼 느껴진다.

시장에서 '영희'를 만나다

새로 이사 온 이곳 사당동 105번지는 국립현충원의 뒤편에 붙어 있다. 달마산 지락을 재개발하여 만든 아파트단지다. 옛날 이곳에 사당(祠堂)들이 많아서 사당동이라는 이름이 지어졌다고 하는데, 가난한 사람들이 많이 모여 살던 곳으로 길하나 사이를 두고 방배동과 집값이 많은 차이가 있다. 90년대 초 빈민촌이었던 이곳을 5,000여 세대의 아파트로 개발했지만, 아직도 주변의 개발되지 않은 연립주택과 낡은 주택들로 골목골목 지저분하고 어수선하다. 지하철 4호선과 7호선의 환승역으로 항상 20,000여 명의 사람으로 붐빈다.

산자락을 따라 비탈길로 이어진 이곳은 자연히 이수 전철역 주변과 골목길을 따라 상가들과 잡상인들로 들썩 북적거린다. 특히 남성시장 골목길 재래시장은 서민들이 살기 좋게 온갖 공산품과 과일 채소 생선들이 사람들을 붙잡는다. 처음에 이사 와서는 어디서 무엇을 파는지, 어느 집 물건이 좋은지 알지 못해 나는 K마트에서만 물건을 샀다. 그런데 1년이 지난 요즈음은, 밑반찬은 시장입구 예쁜 아줌마가 파는 집이 맛있고, 과일은 구수한 총각들이 판매하는 '농부의 마을'에서 주로 산다.

반 평의 공간만 있어도 좌판을 펼치고 장사를 하는 상인들과 어깨를 부딪치며 물건값을 흥정하는 이 시장에는 사람들의 삶이 있다. 지저분하고 질서가 없어 보이던 그곳에도 나름의 상도덕과 질서가 있어 주일날에는 한적하다. 가게를 얻지 못한 뜨내기처럼 보이는 트럭들도 많지만 매주 요일을 정해놓고 오는 장사꾼들도 많다. 나는 가능한 마을버스를 타지 않고 천천히 걸어서 골목골목을 누비며 구경을 하며 지나간다. 이 동네에는 스무 개도 넘는 교회와 열 집도 넘는 철학관이 공존하고 마트와 좌판이 공존한다.

나는 머릿속이 복잡하거나 기분이 우울할 때 시장 골목골목을 잘 돌아다닌다. 오늘도 시장 어귀로 들어서며 유년시절을 만난다. 봄에는 지천으로 널린 봄나물의 어린잎에 빠져들고, 여름에는 찐 옥수수를 먹으며 밤늦게까지 놀다 지청구를 듣던 엄마의 목소리를 떠올리고, 빨간 홍시를 보면 돌아가신 외할머니의 오물거리던 입 모양이 떠오른다. 그리고 찬바람이 쌩쌩 불어오는 겨울날에는 황금 붕어빵을 먹으며 군밤을 까주시던 아버지를 생각한다.

옥수수를 팔던 아줌마가 며칠 보이지 않아 궁금해했는데 오늘은 얼굴을 보니 무척 반갑다. 손목 인대가 늘어나 장사를 쉬었다고 하는데 옆에서 거들고 있는 딸아이의 모습이 대견하다.

그 앞의 반 평도 되지 않는 곳에 천막을 치고 구부리고 앉아 온종일 마늘과 파를 까고 있는 할머니를 보고 있으면 생활이 무섭게 느껴진다. 칠십은 훌쩍 넘어 보이는 할머니의 좌판 옆에 오늘은 국화꽃 장사가 왔다. 보랏빛 국화 화분이 할머니의 주름과 함께 가슴을 싸하게 한다. 매일 매일 눈인사와 말을 건너다보니 이 모든 정경이 가족처럼 살갑게 와 닿는다. 시장에 가면 마음이 단순해지고 심각하지 않아서 좋다. 그들은 매일 반복적이지만 기본에 충실하다. 모두 하루하루를 열심히 살아가고 있는 모습들이 정겹다.

어릴 적 내가 살던 동네에도 개천을 끼고 큰 시장이 있었다. 가끔 어머니를 따라 시장 구경을 가곤 했는데 왁자지껄한 시장 사람들과 술 취한 아저씨들이 무서워 어머니 치맛자락을 꼭 잡고 걸었던 기억이 있다. 그러던 어느 날 나는 시장 한가운데 있는 방앗간에서 어머니를 도와 일하고 있는 같은 반 친구를 만나게 되었다. 그 친구는 반에서 가장 키가 커서 맨 뒤에 앉았던 친구로 키가 작았던 나와는 말도 한마디 해 보지 않은 친구였다. 꾀죄죄한 옷차림에 공부도 못하고 가끔 졸다가 선생님께 야단을 맞는 그 아이를, 나는 관심도 없었고 가끔 마주쳐도 피하곤 했다. 이름이 영희라는 정도만 기억했다. 국어교과서에 자주 나오는 영희라는 이름은 그 당시에 아주 흔한 이름이었다.

그런데 "어머 장에 나왔니?" 하며 반갑게 인사하는 그 친구를 보며 나는 말도 제대로 못 하고 우물쭈물하고 말았다. 그 후에도 그 친구는 아는 체를 했고, 나도 공연히 미안한 마음에 반가운 척을 하였다. 어쩌다 가끔 시장에 갔을 때 그 친구를 눈여겨보면 여전히 동생을 업고 열심히 장사하고 있었다. 부모님 덕에 편안히 공부만 하고 있으면서도 힘들다고 투정부리는 나 자신이 처음으로 부끄럽게 느껴졌었다.

60년대에는 집안의 딸들이 살림밑천이었다. 남동생들의 학비를 벌기 위해 버스 차장이나 애 보기 아니면 공장에 다니던 여자아이들이 태반인 시대였다.

요즈음도 시장에 가면 주로 아주머니들과 할머니들이 많다.

가정을 꾸려나가기 위해 애쓰고 있는 우리 어머니들을 보면 여성의 강인함에 고개가 절로 숙여진다. 그러다 나도 모르게 혹시 '영희' 같은 아이가 아직도 시장에 있는지 눈여겨보게 된다. 그리고 다시 만날 수 있을까 기웃거린다. 혹시 영희를 만나면 이제는 두 손을 맞잡고 그동안 살아온 이야기를 마음껏 나눌 수 있을 것 같다.

결혼, 절대 하지 마라

얼마 전 야외결혼식에 다녀왔다. 세상이 창조주가 그린 초록 잔칫날 같은 눈부신 봄날, 예술가 부부의 탄생은 아름다웠다. 남편은 사진을 전공하고 아내는 극작가로 연극을 하는 부부라서 그런지, 이색적인 무대와 연주로 축하객들도 한바탕 흥겨운 마당극을 치른 느낌이다. 서로에게 영감을 불어넣어 주는 좋은 관계로 발전하고 싶고 믿음의 부부로 서로에게 도전받으며 열성적으로 살고 싶다는 감사의 글을 읽자, 진정한 부부상을 보는 것 같아 흐뭇한 마음이 들었다.

돌아오는 길에 나의 결혼생활이 창밖의 풍경을 따라 스쳐 지나간다. 옛말에 여자 팔자 뒤웅박 팔자라고 남편에 따라 팔자가 달라진다고 이야기한다. 삼종지도를 따라야 한다는 말처럼 여자들의 팔자가 순종만이 살길인 시대도 있었다. 하지만 나는 부모님의 반대를 무릅쓰고 "제 인생이니까 아버지가 아무리 반대해도, 저는 행복하게 잘 살 수 있어요." 그렇게 아버지의 가슴에 대못을 박고 결혼했다.

그러나 막상 결혼하고 보니 24살의 어린 신부는 너무나 철이 없었고 꿈속에 그렸던 이상과 현실의 괴리감은 신혼여행부터 대판 싸우고 비행기를 각자 타고 올 정도로 삐걱거렸다. 같이 살면 매일 나를 공주처럼 떠받들어 줄 것 같았던 어리석은 착각으로 시작한 생활은, 맏아들과 맏딸의 기 싸움으로 연일 전쟁이었다.

톨스토이는 "결혼 절대 하지 마라."라고 말했다. 아내와 48년간 싸웠다는 이야기를 읽으며 나는 그녀를 악처라고 생각했었다. 그런데 막상 내가 결혼하고 보니 악처란 따로 있는 것이 아니라 상대적으로 만들어진다는 걸 깨달았다. 시행착오를 거듭하며 몸으로 부딪치고 깨진 나날들이었고 아이를 낳고 생활을 하면서도 '이건 아닌데.' 하는 생각에 많이 힘들어했다. 넉넉지 못한 마음은 항상 모든 것이 부족한 것 같았고, 정신적으로나 육체적으로나 나는 결혼생활에 '부적합자'는 아닌가 하는 물음을 늘 하곤 했다. 남편은 내 편이 아니라 남의 편이었다.

10년, 20년 세월이 흘러도 목마른 사람처럼 숨을 헉헉거리며 헤매고 다녔다. 그러던 어느 날 이솝우화의 <까마귀의 지혜>에 나오는 이야기를 읽으며 나는 병 속에 남아 있는 물을 마시기 위해 돌을 집어넣는 까마귀처럼, 사랑의 돌멩이를 병 속에 넣기 시작했다. 결혼이 운명이든 자신의 자유의지든 움직일 수 없는 사실은 그 사람과 나는 한 배를 탄 동반자라는 자각과 행복은 누가 가져다주는 것이 아니라 만들어 가는 것이라는 지혜를 알게 되니 조금씩 나아졌다.

33주년, 결혼기념으로 3박 4일의 대만 여행을 다녀왔다. 고궁박물관과 야류 지질공원의 다양한 암석들과 진산 해변공원을 둘러보고 다음날 우리는 화련으로 떠났다. 3시간 남짓한 기차여행 동안 남자들은 술을 마셨고, 여자들은 여고 때 수학여행을 가는 것처럼 수다를 떨었다.

화련의 태로각 협곡은 대리석이 많이 나는 곳으로 거대한 기암괴석과 절경에 탄성이 저절로 나왔다. 그리고 아미족 원주민의 민속공연을 보러 갔다. 아미족은 13개 부족으로 구성된 원주민 중에 세력이 가장 크지만, 생활 때문에 쇼 공연 등을 하여 생계를 유지한다고 한다. 쇼 공연 내용은 그들의 생활상과 결혼 풍습을 포크댄스 형식으로 보여주며 관람객의 요청에 따라 그들의 의상을 입고 결혼식을 하며 기념사진을 찍어주는 것이다. 우리 부부도 신청하여 그들과 같이 춤을 추며 결혼식을 치렀는데, 형식은 합환주를 마시고 발바닥을 몽둥이로 맞고 신부를 지게에 업고 오는 것이다. 남편은 기꺼이 몽둥이를 맞고 나를 지게에 업고 사진을 찍었다. 재미 반 장난 반으로 한 결혼식이었지만 새로운 경험이었다.

우리 부부는 그 날 옥가락지를 사서 나누어 끼고 다시 첫날밤을 치렀다. 이튿날 관광버스 안에서 신혼 재미를 묻는 아주머니들의 놀림을 받으며 우리는 한바탕 크게 웃었다. 3박 4일의 구혼 여행은 신선한 생수를 가득 채우고 돌아온 여행이었다.

요즈음은 결혼이 필수가 아니라 또 하나의 선택이라고 한다. 그래서 이혼도 쉽게 하고 재혼도 쉽게 한다. 가족의 개념도 달라져서 혼자 사는 1인 세대도 가족으로 보아야 한다는 주장이 나오고 있다. 노처녀 노총각이 많고 출산율이 저조하다 보니 급격한 고령화 시대로 들어섰다. 결혼, 과연 현명한 선택일까, 아니면 운명일까. 여자의 일생에서 결혼의 그전과 후는 과연 얼마나 변하는 것일까. 인생을 시작하는 신혼부부들에게, 다시 한 번 결혼의 의무와 권리 책임을 생각해보라고 말해주고 싶다. 결혼해도 후회하고 안 해도 후회한다면, 절대 하지 말기보다 해보고 부딪쳐보라고 말해주고 싶다.

이 봄날 새로 탄생한 부부들에게 시행착오를 밟지 말고 병

속의 물을 마실 수 있는 지혜와 변하지 않는 사랑의 소중함과 믿음을 가지라는 소망을 품어본다.

그 여름은 가고

기상학자들은 지난 백 년간 지구의 온도가 평균 1.6도 상승했다고 한다. 숫자로 1.6도면 미비한 것 같지만, 우리 몸으로 생각하면 38도가 되는 것이니 그때 느끼는 열도감이란 대단하다. 과학적으로 우리가 더위를 느끼는 온도란 에너지 흐름의 또 다른 표현이다. 물에 잉크를 풀면 잉크 입자가 사방으로 퍼져 나가는 것을 눈으로 볼 수 있다. 잉크 알갱이의 운동이 크게 빨리 퍼져 나간다는 것은, 공기 중의 분자가 멋대로 운동하여 우리 피부를 자극하는 것과 같다는 것이다. 그래서 우리 피부는 그 반응에 자극받아 덥게 느껴지고 불쾌감을 느낀다. 만일 덥게 느끼지 못한다면 우리 몸의 생체리듬에 이상이 생겼다는 것이다.

우리는 살아가는 동안에 무수히 많은 자극을 만나게 된다.

이 자극들에 어떻게 반응하는가에 따라 우리 인생의 모습이 달라진다. 자극과 반응 사이에는 우리의 의지나 판단이 작용할 수 없는 무조건적인 반사도 있지만, 그 밖의 경우에는 대개 먼저 자극을 받고 반응을 하기까지 처리하는 방식은 사람마다 의지와 사고에 따라 다르다. 그러므로 그 반응에 따라 다른 삶이 전개된다.

어느 날 자고 일어나니 안면마비가 왔다. 양치질하는데 이상하게 입에서 물이 흘렀다. '아차!' 하는 순간 세수를 하는데 눈이 감기질 않았다. 거울에 비친 모습이 마치 외눈박이처럼 이상하게 보이며, 대칭이 실그러진 왼쪽 얼굴을 만져보니 뻣뻣하다. 며칠 전부터 처리할 일이 많아 신경을 많이 썼다. 사흘 동안 잠을 못 자고 무리를 했다. 몸에서 쉬라고 반응을 보냈는데 무시했더니 이렇게 되었다. 원래 어릴 때부터 잔병치레를 많이 해서 몸이 아파도 미련한 인내심이 있다. 더구나 성정이 예민하다 보니 일이 생기면 며칠 밤이고 쉬지 않고 일을 끝내야 하는 성질에, 몸을 혹사해서 호되게 앓곤 했다. 가장 불편한 점은 눈이 감기질 않으니 안대를 하고 있어야 하는 것과 균형감각에 이상이 왔는지 어지럽고 잠을 잘 수 없다는 것이다. 그래서 이번 여름 나는 거울을 하루에 수십 번씩 보고 지냈다. 얼굴 근육연습을 하느라고 어린아이처럼 껌을 온종일 씹었다. 매일 침과 물리치료를 받으면서 낮에도 수면제를 먹고 잤다. 모든 일을 그만두고 쉬었다. 명상하면 좋다고 해서 요가를 하며 마음공부를 했다. 매일 기도하며 마음을 비우니 차츰차츰 좋아지기 시작했다.

누구나 살면서 뜻밖의 걱정과 근심을 만나게 된다. 그중에 병고(病苦)가 가장 힘든 것 같다. 누가 대신 아파 줄 수 없으니 얼마나 힘든지 아파본 사람만이 알 수 있다. 원망하는 마음과 섭섭한 마음이 생기고 주위 사람들을 불편하게 한다. 그러나 내가 있음으로 병도 생기는 것이므로 모든 일이 내 탓이라고 생각하고 마음에서 풀어야 한다. 어떤 문제가 생기더라도 그냥 거기다 놓고 집착을 버려야 한다. 집착하면 굳어지고 굳어지면 무겁고 딱딱해져 돌덩이가 되어 나를 짓누른다. 그래서 눈에 보이지는 않지만, 더욱 마음공부가 필요하다고 본다.

우리는 더워서 피서 간다고 하지만 피한다고 더위가 없어지지는 않는다. 우리에게 무슨 문제가 생기면 "속상해 죽겠어. 내가 미쳐." 하며 걱정하고 피하려고 하지만 그 문제가 해결되지 않는다. 단단한 마음가짐으로 차근차근 풀어나가야만 없어진다. 성경에도 "걱정과 근심을 내려놓고 나에게 오라." 하고 불교의 <보왕삼매론>에서도 "몸에 병 없기를 바라지 말

라. 몸에 병이 없으면 탐욕이 생기기 쉽나니 병고로써 양약을 삼으라."고 했다.

아프고 나니 웰빙이란 말에 귀 기울이게 된다. 유행처럼 우리를 현혹하는 상품들이 많이 나와 있다. 그러나 웰빙이란 돈으로 무엇인가 사서 잘 먹고 잘사는 것이 아니라, 자연의 이치를 거스르지 않고 자연 그대로 사는 것이지 싶다.

웰빙에 도움을 주는 행동으로 '감사하고 칭찬하고 미소 짓고 가볍게 등 두드려 주기.' 등을 소개한다. 그중에 등 두드려 주기를 가족들에게 실천했더니 다들 좋아한다.

이번 여름, 나에게는 뜻깊은 여름이었다. 시련과 역경이 성공의 밑거름이 되듯이 인생을 되돌아보게 하는 계기가 되었다. 특히 대공원 호숫가를 산책하며 청계산 큰 나무들에서 욕심을 뒤로하고 넉넉함을 베풀라는 것을 새삼 배웠다. 진정 자연은 사람들을 치유시키는 힘이 있다.

어느 사이에 아침저녁으로 서늘한 바람이 분다. 바람의 냄새가 다르다. 벌써 처서가 왔다. 절기란 신통하게도 우리에게는 많은 것을 느끼게 해준다. 언제나 그 자리에서 우리를 반겨주는 큰 나무들에게 위로받으며, 살아 있음에 감사한다.

그래도 꽃은 핀다

아즈텍 사람들에게는 여러 층의 하늘이 있는데 죽음을 맞는 상황에 따라 하늘의 각 층이 내세의 집으로 주어진다고 한다. 그래서 전장에서 전사한 병사들과 출산 때 죽은 어머니들은 똑같이 최고천(最高天)을 배정받는다고 한다.

나는 작년까지 국립 현충원 뒤편 아파트에 살아서 가끔 그곳으로 산책하러 가곤 했다. 수많은 병사의 묘비명을 읽으며 그들의 주검 앞에서 가슴이 매우 아팠는데, 그 글을 읽고 난 후부터 모두 그들이 하늘 저 높은 곳에서 편안히 살고 있다고 생각하니 조금은 안심이 되었다. 정리가 잘된 구역 구역을 돌아다니다 보면 어느새 돌아가신 아버지가 옆에 와 계시는 것 같아 마음이 편안하다.

1951년 1월 6일은 우리 친정 부모님 결혼기념일이다. 결혼

사진 속에는 아버지 쪽 하객은 군인 3명뿐이고 어머니 쪽 친척들만 있다. 당시 아버지는 육군 소위로 최전방에서 싸우다 왼쪽 팔에 총상을 입고 울산으로 후송되어 내려왔다

울산은 당시 피난민과 군인들로 마을이 어수선했으며 밥을 얻어먹으러 다니는 사람들이 많았다고 한다. 울산 병영 출신 촌 아가씨였던 내 어머니는 19세로 꽃보다 아름다웠지만, 철이 없어서 전쟁이 났다고 하는데 실감할 수 없었다고 한다. 맨밥이라도 얻어먹으려고 동냥 다니는 사람들을 이해하지 못했다. "반찬 없으면 장이라도 떠다 먹지." 하고 피난민들을 구경하곤 했다고 한다.

그러던 어느 날 저녁 어머니는 친구들과 몰려다니다 부역했다는 죄명으로 붙잡혔고, 외할아버지는 외동딸을 구하려고 연고도 없고 근본도 모르는 사람을, 단지 육군 장교로 딸의 목숨을 살릴 수 있다는 말에 결혼을 시켰다고 한다. 그래서 어머니는 목숨을 구할 수 있었고 나는 열 달 뒤 태어났다.

올해로 6·25전쟁이 발발한 지 60년이 흘렀다. 전쟁 동이들은 환갑을 맞았다. 그러나 아직도 여전히 우리는 분단국가로 휴전선을 마주 보고 총을 겨누고 있다. 천안함 사건으로 희생된 젊은이들과 그의 가족들 그리고 연평도 사건은, 우리의 눈물을 임진강에서 한강을 거쳐 낙동강까지 넘쳐 흘러가게 한

다. 우리는 여전히 전시 중이다.

요즘 대학생들에게 6·25전쟁이 언제 일어났느냐고 물어보니 모르겠다고 대답한 학생이 약17퍼센트나 된다고 뉴스에 나온다. 설마 하며 밥을 먹는 아들아이에게 물어보니 역시 모르겠다고 한다. 천안함 사건으로 온 나라가 울음바다가 되었지만, 전쟁을 겪어보지 못한 아이들에게는 먼 나라 이야기다. 반공을 국시로 삼고 교육을 철저히 받았던 우리 세대에게 빨간색은 죽음과 공포가 떠오른다. 하지만 "대~한 민국."을 외치며 월드컵 축구경기를 응원하는 붉은 물결을 보며 자란 아이들에게 빨간색이란, 신 나고 흥분되고 즐거운 일이 생길 것 같은 느낌이 든다고 한다.

친정아버지는 또 1958년 2월 16일 부산에서 비행기를 타고 출장을 다녀오다 민항사상 최초로 공중 납치되어 북한으로 끌려가 구사일생으로 20일 만에 돌아오기도 했다. 당시 육군 중령이셨던 아버지를 북한에 붙잡아두려고 온갖 회유와 협박을 하고 남으라고 했지만, 아버지는 무사히 우리 가족들 품으로 오셨다. 22년을 군에 계셨던 아버지는 집안에서도 우리 형제들에게도 군인 정신을 강요했고 반공 사상과 국가에 대한 사랑을 누누이 일러주었다. 종종 전쟁의 비참함과 북한의 만행에 관해 이야기를 해주곤 했었다.

나 역시 전쟁을 모른다. 전쟁이란 신화나 소설책, 영화 속에서, 그리고 드라마에서나 보았다. 어떤 사람들은 살아있음의 경험을 절실하게 할 수 있기 때문에 전쟁을 좋아한다고 말하기도 하고, 그 속에서 사랑과 우정, 인류애와 문학이 나온다고 한다. 그러나 전쟁의 후유증으로 고생하는 상이군인들의 이야기나, 월남전에서 싸우다가 고엽제 병으로 평생을 시달리다 죽은 딸아이 친구 아버지의 이야기 등 가슴 아픈 사연들을 듣다 보면 전쟁의 비참함이 실감 나기도 한다.

평생 아버지는 어머니를 짝사랑했다. 어쩔 수 없이 한 결혼으로 어머니는 의무감과 책임감으로 살았다. 애정 없이 태어난 나는 어머니에게는 사랑스러운 자식이 아니었다. 나는 늘 어머니가 계모가 아닐까 생각했고, 나날을 상상의 세계 속에서 살았다. 그래도 매년 꽃은 피고 바람이 불었다.

1985년 무더웠던 삼복더위에 아버지는 홀연히 가셨다. 갑작스러운 죽음으로 어머니는 정신이 없었고, 그때야 아버지의 사랑을 깨달았다. 나 역시 이 땅에서 아버지의 군인으로서의 삶과 어머니의 여자로서의 삶을 이해하는 데 사십 년이 걸렸다.

올해도 벚꽃이 흐드러지게 피었다. 흩날리는 꽃길을 걸으며 아버지를 생각한다. 팔순이 넘어도 여전히 고운 우리 어머니를 모시고 능수벚꽃 그늘에서 활짝 웃으며 손을 잡고 사진을 찍고 싶다. 저 하늘에서 아버지가 웃고 계신다.

봄이 앓는 소리

봄꽃이 다 떨어졌다. 후드득후드득 꽃 비 떨어지는 소리에 가슴이 싸하다. 요즈음 연일 뉴스에 연쇄동반 자살 사건을 듣는다. 서로 모르는 사람들이 자살 사이트에서 만나 3, 4명 많게는 5, 6명이 연탄가스나 약을 먹고 같이 죽는다고 한다. IMF 사태보다 더 어렵다는 이즈음, 생활고와 현실에 대한 불안감과 두려움으로 우울증을 앓다가 죽음을 택하는 그들의 뉴스로, 이 봄날이 무척 우울하다.

오랜만에 그곳에 들렀더니 그녀가 죽었다고 한다. 사고도 아니고 열차에 뛰어들어서…. 그녀를 처음 만난 곳은 교회의 성경공부 반이다. 다들 묵상해온 성경 구절을 나누고 있는데 그녀는 환상을 본 이야기를 간증한다. 둥근 기둥이 즐비하게 서 있는 건물을 보았다는 이야기다. 그래서 그 건물에 투자했고 회사가 다 알아서 임대료를 챙겨주므로 이제는 생활비를 걱정할 일이 없다며 간증 아닌 간증을 하고 있었다. 초심자인 나는 그녀의 이야기가 신기하여 열심히 들었다. 그 후 몇 개월 동안 그녀를 만나면서 그녀의 활달함 뒤에 숨어있는 소극적 열등감과 자신을 자랑하고 싶어하는 자만심 뒤의 깊은 우울을 느낄 수 있었다.

하지만 남편을 암으로 잃고 두 자녀와 생활하고 있다는 그녀를 보면, 그녀의 이야기를 잘 들어주는 것이 도와주는 길인 것 같아 상담을 받는 것이 좋겠다는 이야기를 할 수 없었다. 곧 선교를 떠날 예정이라고 하니 그녀의 신앙심을 더욱 의심할 수 없었고, 딱한 그녀의 처지를 생각하면 모든 일이 잘되기만을 기도할 따름이었다. 그런데 오늘 이야기를 듣고 보니 투자를 했던 건물의 사장은 돈을 다 가지고 도망갔고, 완공되지 않은 건물에 은행 이자는 매달 나가고 있었다고 한다. 월세방에서 생활하던 그녀는 경제적 어려움에 하나님과 냉담하며 교회에도 나올 수 없었고… 그동안의 생활이 얼마나 그녀를 막다른 곳으로 몰고 갔으면 그 결심을 했을까 하는 마음만 짐작할 뿐이다. 고통이 절실히 느껴졌으나 어찌 그런 무서운 결단을 내렸는지 안타깝고 막막할 뿐이다. 손을 내밀어 잡아주지 못했다는 자책감과 이웃의 아픔을 돌보지 못한 죄책

감에 모두 눈물을 흘릴 수밖에 없었다.

이런 일들을 겪을 때마다 과연 신은 존재하는지, 하나님은 그녀의 기도를 듣고 계셨는지 묻고 싶다. 두고 가는 자식들이 눈에 밟혀 어찌 그런 일을 저질렀는지 그녀에게도 묻고 싶었다.

남편의 사촌 동생이 유명을 달리했다고 기별이 왔다. 장례식장에 다녀온 남편은 동생이 불쌍하다며 목이 메어 말을 잇지 못한다. 약간 혈압이 높으니 의사가 약을 먹으라고 했는데 괜찮다며 그냥 지내다, 친척의 칠순 잔치에 가서 술을 한잔 먹다 그 자리에서 넘어져 119차가 오기 전에 죽었다고 한다. 59세의 나이로 부인과 이혼하고 두 딸과 살고 있었는데 정신지체를 앓고 있는 큰딸을 보살피느라 고생을 많이 했다고 한다. 큰집의 조카 부부가 상주 노릇을 하고 있고, 썰렁한 장례식장에서 91세의 큰어머니는 “어서 죽어야 하는데 오래 살다 보니 이런 험한 꼴을 다 당한다.”며 절통한 마음에 눈물도 메말랐는지 한숨만 쉬고 계셨단다. 이야기를 듣다 보니 바쁜 일도 없으면서 남편만 갔다 오라고 삐죽 부조 봉투만 내밀었던 내 손이 부끄럽고 참담하여 어찌할 바를 몰랐다. 사촌이면 매우 가까운 친척인데 달려가 보지 못했으니 먼 친척보다 이웃사촌이 가깝다는 옛말이 그르지 않은 것 같다.

살기가 힘들다는 핑계로 내 가족만 생각하고 주위의 어려운 일들을 외면하다 보니 사람 노릇을 못한 것 같아 얼굴이 붉어졌다. 그날 저녁 시사촌 동생을 위한 기도를 올리며 훤칠했던 외모에 서글서글한 웃음을 짓던 모습이 떠오른다. 남아있는 두 딸의 애달픈 울음소리가 들리는 듯하여 가슴이 매우 아팠다.

아버지를 묻던 그 날은 몹시 더웠다. 8월 5일, 복중에 상복을 입고 있던 우리들은 흘러내리는 눈물과 땀으로 뒤범벅이 되어 더욱 지치고 있었다, 사흘 동안 먹지도 자지도 못하고 무너져 내리는 가슴을 부여잡고 어머니마저 쓰러지실까 봐 초긴장하며 장례를 치렀다. 그렇게 갑자기 어제까지도 아무렇지도 않게 지내셨는데, 돌아가셨다니 믿을 수가 없었다. 돌아가셨다는 전화를 받고 친정집으로 가는 택시 안에서 나는 애써 부정하며 운전기사와 농담을 했다. 정년퇴직 후 가벼운 우울증으로 불안해하는 아버지를 우리는 대수롭지 않게 여기며 무심히 보고 있었다. 일을 당하고 나서야 복받치는 설움과 후회에 가슴을 쳤지만 때는 늦었고 어쩔 수 없었다. 우리 형제들과 어머니는 한동안 중병을 치르고 난 아이처럼 남은 상처를 끌어안고 서로서로 보듬으며 살아갈 수밖에 없었다.

슬픔도 세월 속에서 바래는지 20여 년이 지난 요즈음 어머니와 우리들은 산소에 가서도 더는 울지 않는다. 지난 한식날 아버지가 좋아하던 꽃을 심으며 우리들은 웃으며 "아버지 추석날 또 올게요. 잘 계셔요." 하며 점심을 어디서 맛있게 먹을지 의논하며 서둘러 떠났다.

"신선한 공기 빛나는 태양 맑은 물, 그리고 친구들과 가족들의 사랑 이것이 있거든 낙심하지 마라."고 괴테가 말했다. 내 나이 육십갑자가 돌아오니 이제는 가진 것이 없다고 투정하지 않는다. 이곳저곳 둘러보며 내게 주신 많은 것들에게 감사하며, 태풍이 닥쳐도 좌절하지 않고 '그럴 수도 있지.' 하고 자연법칙에 순응하며 산다.

태풍과 고통도 인생의 벗임을 알게 되었고 시작이 있으면 끝이 있고, 지나갔다 싶지만, 또 다시 다가온다는 것을 안다.

모진 겨울을 이겨내고 파릇파릇 돋아난 새싹과 연녹색 나뭇잎들을 보며 한없이 기특하고 대견스러워 봄볕 앞에 머무는데 어디선가 바람이 분다. 꽃이 후드득 떨어진다. 여기저기 꽃이 피었다 지는 앓는 소리에 가슴이 무너진다. 더는 이 화창한 봄날에 나쁜 소식이 없으면 좋겠다. 그러다 문득 그녀는 이 화창한 봄꽃을 보며 행복하게 죽지는 않았을까 하고 위안을 청해 본다. 교회의 종소리와 기도 소리는 더욱 길고 높아만 간다.

김유정 탄생 100주년을 기리며

—김유정 실레마을에서

지난밤 잠을 설쳤습니다. 오늘 선생님을 만나러 가는 내 모습이 마치 첫사랑을 만나러 가는 소녀처럼 설렙니다. 아련하지만 또렷이 떠오르는 선생님 모습이 새삼 가슴을 두근거리게 합니다. 이 나이에 아직도 이런 감정이 남아 있다는 사실에 더욱 흥분됩니다. 분홍빛으로 물든 제 얼굴이 보이시나요? 곱게 차려입고 한껏 멋을 부린 제 모습이 보이시나요?

평생 짝사랑으로만 가슴 졸였던 선생님의 연애담은, 학창시절 우리들의 가슴을 그리움으로 젖어들게 했습니다. 스무 살 무렵 길거리에서 명창 박녹주를 보고 사랑에 빠져 30여 통의 편지를 쓰며 구애의 열정으로 몸달아 하셨다는 이야기를 읽고, 우리 모두 그런 편지를 받아보고 싶어 했지요.

이룰 수 없는 사랑을 가슴에 안고 어머니에 대한 그리움으로 선택한 사랑이기에, 더욱 자신을 광야의 길 잃은 여객으로 생각하며, 당신은 평생 연상의 여인들을 사랑하며 연민으로 아파했습니다. 당신의 일생을 되돌아보니 목울대가 뜨거워지며 가슴이 울렁거립니다. 그러나 한편 농민들과 같이 생활하며 삶을 사랑했던 당신을 생각하면, 능청스럽게 한바탕 쏟아 놓는 남사당패들의 한마당 놀이판이 생각나기도 합니다.

더벅머리에 우글쭈글한 벙거지를 얹어 쓰고 다니시던 선생님은 뚱한 성격에 말까지 더듬거렸지만, 일단 술이 들어가면 통성을 다시 해야 할 정도의 능변으로 좌중을 압도했다는 말을 들었어요. 이상 김해경 선생님이 쓰신 <김유징론>에서 선생님을 "모자를 홱 벗어 던지고 두루마기도 마고자도 민첩하게 턱 벗어 던지고 두 팔 홀떡 부르걷고, 주먹으로는 적의 볼따구니를 발길로는 적의 사타구니를 격파하고도, 오히려 행유여력(行有餘力)에 엉덩방아를 찧고야 그치는 희유(稀有)의 투사."라고 했습니다. 그리고 술 마시고 부르셨던 '강원도 아리랑 팔만 구 암자'를 내뿜는 솜씨가 천하일품이셨다지요. 상상만 해도 선생님이 어떤 분이신지 짐작이 갑니다. 선생님의 몸 안에 숨어 있던 언어에 대한 감각을 따라가다 보면 저도 모르게 신명이 납니다.

치밀한 묘사법으로 인간 심리를 꿰뚫어 보고 그려내시는

솜씨는 글을 쓰는 저로서는 부러울 따름입니다. "글은 곧 그 사람이다."라고 하지만 당신은 의도적으로 암울했던 그 시대의 현실을 감추고 싶어서 허허 웃으며 허식의 글쓰기를 통해 자기를 회화(繪畫)화 하고 위장하여 글을 쓰신 것 같습니다.

연희전문학교에 4월에 입학했다가 6월에 제적당했다고, 하지만 선생님은 더 배울 것이 없어 자퇴했다고 말했다지요. 그때 박녹주에게 끝내 거절당하고 고향으로 내려와 방랑생활을 하며 들병이들과 어울려 다녔다지요. 고향인 실레마을에 돌아와 야학 일에 열중하지만, 한때는 금광에도 미쳐 다니셨고 충청도 광업소에서 일하다 병까지 얻고 귀향하고 말았습니다. 선생님 어찌 그리 무모하셨는지요? 그러나 가난한 농투성이의 만부방들, 그들의 말소리와 바람 소리, 물소리, 새 소리를 가슴에 새기며 새로운 사실에 눈을 뜨게 되지요. 사물에 대한 선입관을 깨고 새로운 방법 '사랑에서 출발하는 그 무엇'을 생각합니다. 사랑에서 시작되어야 한다는 것, 그 사랑이란 어느 시대 어느 사회에 있어서나 좀 더 많은 대중을 우의적으로 한 끈에 꿰어야 그것이 위대한 생명력을 갖게 된다고 보았습니다.

우리 문학이 나가야 할 목표를, 시대의 풍상과 전통을 이어받아 조선의 새 문화 건설을 꿈꾸셨던 선생님. 김문집이 "전통적 조선 어휘의 풍부한 언어 구사와 개인적 묘미는 중견작가들이라도 따를 수 없다."고 칭찬했습니다. 백 년이라는 시대를 뛰어넘어 지금도 소설 속에 살아있는 인물들, 덕만이, 응칠이, 점순이 등은 금방이라도 만나고 온 듯합니다. 우리말을 사랑하고 우리의 정신을 그리고 민중들을 사랑하셨던 선생님은 그 시대의 톨스토이처럼 학교를 세우고 야학을 통해 우리말 교육에 더 열정을 쏟기도 하셨습니다.

하지만 25살 늑막염이 악화되어 폐결핵 진단을 받고, 마지막 생의 불꽃을 피우듯 4년 동안에 30여 편의 작품을 쓰시고, 1937년 29세로 생을 마감하십니다.

돌이켜보니 천석꾼지기의 막내아들로 태어났지만 7세에 어머니를 9세에 아버지마저 돌아가시고, 만형의 방탕한 생활로 집안은 몰락하고, 그 후 형님과 누님들 집을 연연하며 살았던 당신. 불운한 시대에 태어나 뜻을 제대로 피우지 못하고 살다 간 천재로 생각할수록 더욱 가슴이 아픕니다.

탁월한 언어감각과 독특한 문체로 30년대의 한국 문학사의 새로운 지평을 연 동백꽃같이 살다 가신 선생님, 당신은 진정한 이야기꾼이고 투사이셨습니다.

수필을 쓰고 있는 저로서는 말년에 생활이 어려워 여기저기 쓰신 잡문 수필들 <네가 봄이런가> <오월의 산골짝이>

<어떠한 부인을 마지할까?> 등을 재미있게 읽었습니다. 은연중에 암시하는 시대상과 사회적 상호관계들을 해학적으로 풀어내는 솜씨에 감탄할 따름입니다. 진정 가난하고 힘든 농민들과 산촌 사람들을 뜨겁게 사랑했던 선생님은 앞을 내다보는 혜안과 통찰력이 있으셨던 것 같습니다. 눈을 감고 있으니 어디선가 술 취한 목소리로 부르는 아리랑 노랫소리가 들려옵니다.

무자(戊子)년 오늘 청명하고 화창한 이 봄날 선생님을 생각하며 편지를 쓰고 있는 제 모습이 한없이 행복합니다. 선생님 존경하고 사랑합니다.

웃고 있어도 눈물이 난다

지난여름 딸아이와 둘이서 여행을 다녀왔다. 직장생활을 처음 하는 아이는 야근에 특근에 힘이 들었는지, 여름 감기를 달고 다니더니 피곤해진 심신을 쉬어야 한다며 스파 여행을 제의해 왔다. 나 역시 건강이 시원찮아 그렁저렁하고 있던 터라 우리는 발리로 떠났다.

8년 전 대학에 실패하고 실의에 빠져 있던 딸아이와 제주도로 둘이서 여행을 갔을 때 아이는 해변에는 나가지도 않은 채 방안에서 종이 인형을 가위로 오리며 울고 있었다. 어미가 되어 새끼 눈에 흐르는 눈물을 보니 가슴이 찢어졌지만, 그래도 이겨 내야 할 시련이기에 일부러 모른 척했다.

이번 여행에서 우리는 많은 이야기를 나누었다. 그동안 딸의 결혼관에 대해 섭섭했던 일들과 그래도 부모로서 고마웠던 일들, 앞으로 어떻게 살아야 하는지 어떤 배우자를 만나야 잘 살 수 있는지 등등 우리는 마치 친구처럼 허심탄회하게 속내를 내보였다.

호텔 방에서 차를 마시며 새벽에 해변을 거닐며, 관광하면서 심지어는 쇼핑을 하면서도 끊임없이 서로에 대한 기대와 사랑과 아쉬움에 관해 이야기를 나누었다. 그동안 내 생각에는 아이를 이해한다고 생각했는데 이야기를 나누어보니, 걱정하는 말은 잔소리로 들렸고 따끔한 충고는 아예 거부하며 살고 있었다. 우리는 이번 여행으로 많은 오해를 풀었다. 하지만 결혼관에 대해서는 합일점을 찾을 수 없었다. 언제나 부모들이란 아이들을 걱정과 근심으로 키우지만, 그것을 사랑이라고 착각하는 것 같다.

뒤돌아보면 나 역시 참 철없는 딸이었다. 어린 시절 나에게 어머니는 무섭고 거친 겨울 바다 같은 모습으로 다가온다. 왜 그렇게 세상살이에 욕심을 부리는지 이해할 수 없었고, 어머니만 생각하면 고통스러웠다. 미워하며 원망하고 늘 부족하다는 마음으로 우울한 나날을 보냈다. 나중에 결혼하고 아이를 낳아 어미가 되어 보니 부모 노릇 하기가 얼마나 어려운지 알게 되었고, 조금씩 어머니의 고통이 보이기 시작했다. 아버지의 갑작스러운 죽음으로 우리 다섯 형제가 모두 우왕좌왕

할 때 어머니는 여전히 장부 같은 모습으로 우리를 다그쳤지만, 결혼 안 한 동생들의 혼사며 잡다한 일들이 생길 때마다 어머니는 조금씩 지쳐서 무너져갔다.

어린 시절 20년을 어머니와 대화 없이 지내다가, 십 년 전 아버지가 돌아가시고, 그 후 옆집에서 살다 보니 그동안 하지 못했던 많은 이야기를 나누게 되었다. 남편을 떠나보낼 준비가 전혀 되어있지 않았던 어머니가, 아버지를 보내고 살아온 세월들을 보았다. 부부란 어떻게 살아야 하는지 자식과 부모란 어떤 사이며 어떻게 살아야 하는지, 그동안 알지 못했던 것들을 깨달을 수 있었다. 우리 5남매를 기르면서 다섯 손가락 깨물어서 안 아픈 손가락이 없었다는 어머니의 자식 사랑하는 마음을 듣고 보니 어머니만의 특별한 사랑법을 이해할 수 있었다. 엄지는 엄지만의 특별함으로, 검지 중지 약지는 그 나름대로 지혜와 슬기로움으로, 새끼손가락은 귀여움과 애틋함으로 언제나 어머니의 애간장을 녹여 놓았다고 한다. 서로가 서로의 아픔을, 다른 손가락들은 모르지만, 손 전체에서는 각각의 아픔으로 어머니의 속을 썩이고 있었으니, 자식들은 영원한 빚쟁이임이 틀림없는 것 같다. 어머니가 매달려야 했던 것은 자신의 행복과 안위보다 자식들의 성공과 뒷받침해 줄 수 있는 경제력뿐이었음을 이 나이가 되어서야 깨닫게 되었으니 정말 세상 물정을 모르는 딸이었다.

삶이란 선택의 연속이라지만 우리들은 부모를 선택하여 태어날 수는 없다. 부모 팔자가 반 팔자를 좌우한다고 하듯이 부모에게 받은 유전인자와 환경에 의해 아이들은 달라진다. 특히 어머니나 양육자의 가치관과 태도에 따라 아이들은 다르게 길러진다. 부모와 자식 간에는 어쩔 수 없이 애착 관계가 형성되어 서로를 사랑하고 미워하며 상처받게 된다. 나 역시 어머니를 온전하게 받아들이는데 그렇게 오랜 세월이 필요했다.

이제 팔십을 바라보는 어머니, 아직도 자식들 걱정에 매일 염주를 돌리느라 손끝이 무뎌지신 어머니, 이제는 건강이 여의치 않아 매일 병원 가는 일이 생활이 되어버린 어머니, 하지만 이 험한 세상을 꿋꿋이 앞장서서 이겨낸 장한 어머니, 자식들 편히 살리려고 세상살이 모든 일에 바람막이가 되어주신 어머니 그래도 여전히 곱고 아름다운 우리 어머니, 일일이 말하자니 열 손가락도 모자란다.

"내가 너무 오래 사는 것 아니냐?" 미안해하는 어머니의 손을 가만히 잡으며 말한다. "어머니, 당신은 옆에 가만히 계시다는 것만으로 든든하고 행복합니다. 어머니 오래오래 건강하게 우리 형제들 곁에 계셔주세요"

오십을 훌쩍 넘긴 이 나이가 되어서야 나는 '어머니'라는 단어를 생각하면 입은 웃고 있지만, 가슴에서는 눈물이 난다. 내 딸아이도 나중에 이 엄마를 생각할 때 웃고 있지만, 눈물이 날까? 나는 유능하고 장한 어머니보다 따뜻하고 정이 많은 어머니로 기억되고 싶다.

2.

이 또한 지나가리라

이제 앞으로 남은 시간 좋아하는 책이나 읽으며 문우들과 담론하며 그저 가을바람 불 때까지 기다리자. 소중한 것들이 눈앞에서 영원히 사라져 갈 때 힘든 순간마다 마음에게 말한다.

'이 또한 지나가리라.'

100m 거리

지금 이 순간

우리는 어디로 가고 있는가

이 또한 지나가리라

희붐한 세상

부엉이 집을 얻다

눈부처 보기

어둠 속에 앉아서

내 생의 가장 긴 밤

어느 멋진 가을날에

100m 거리

지난 연말 연초에 내린 눈과 혹한으로 한동안 외출을 못 했는데 날씨가 조금 풀린 듯하여 집을 나섰다. 호수공원의 물은 얼어버렸지만, 설경은 아름다웠다. 길이 미끄러워 조심조심 걸어야 한다. 작년 늦가을 개장한 이곳을 우리 부부는 자주 이용한다. 2개의 호수를 다 돌면 2시간이 넘게 걸려 충분한 운동이 된다. 유유히 흐르는 호수를 보며 사색에 잠기기도 하고 자맥질하는 오리 떼를 보며 웃기도 한다.

남편은 걸음이 느린 내가 답답한지 저만치 혼자 걸어간다. 언제나 이렇게 손을 잡고 출발하지만 나를 제치고 앞서 걸어가 버린다. 가끔 돌아보기도 하지만 거의 뒤돌아보지 않고 묵묵히 걷는다. 38년을 살았지만 늘 느끼는 그와 나와의 거리는 항상 저만치 떨어져 있다. 산비탈에서 눈썰매를 타는 아이들의 웃음소리와 환호성이 고요한 공원에 활기를 불어넣는다. 지금 나는 이렇게 혼자서 걷는 이 시간이 평안하다.

은퇴 후 남편은 혼란스러운지 잠깐 정신적인 방황을 했지만, 곧 제자리로 돌아왔다. 평생을 정확, 완벽을 추구하며 살아온 그의 일상은 아침 7시 30분 아침을 먹고 신문을 보고, 그리고 9시에 도서관으로 향한다. 오후 5시에 돌아와 그 날의 신문을 스크랩하고, 저녁을 먹고 운동을 2시간 하고 11시에는 잠자리에 든다. 공부하고 학생들 가르치는 일에 종사했던 그는 그동안 미루어 두었던 한자 자격시험 공부를 시작하여 목표를 달성했고, 요즈음은 침과 뜸을 공부하며 도서관에서 하루를 보낸다. 학창시절 별명이 '도서관 귀신'이었던 그는 언제나 도서관에서 서성인다. 간혹 다른 학생이 자신의 지정석에 앉아 있으면 무엇인가 불안하고 편치 않아 공부를 할 수 없었다고 한다. 그 버릇은 여전해 할아버지가 된 요즈음도 동네 도서관에서 자기 지정석에 다른 학생이 앉아 있으면 눈치를 주곤 한다. 자기 방어벽을 견고히 쌓고 다른 사람들에게는 전혀 관심이 없다. 누가 뭐래도 주위에 흔들리지 않는다. 처음에는 이런 남편이 답답하고 이해되지 않아 싸워도 보고 고쳐 보려고 애썼지만 소용없었다. 결국, 포기하고 내 할 일을 할 수밖에 없었다. 소통은 한 사람만 애쓴다고 해결될 문제는 아니다.

완벽이란 얼마나 숨 막히는 말인지 감성적인 나와는 맞지 않는 말이다. 너무나 정반대의 생활습관과 취향은 사람을 지치게 하고 질리게 한다. 하도 힘들어 한때는 헤어질까 하는 생각도 들었지만, 아이들을 생각하며 순간순간을 넘기며 살았다. 차츰 차츰 다름을 인정하고 나니 조금씩 편해졌다.

일상의 철학자로 불리는 '알랭 드 보통'은 결혼생활은 침대 시트와 비슷하다고 했다. 아무리 애를 써도 네 귀퉁이가 반듯하게 펴지지 않는 시트, 한쪽을 펴면 반대쪽이 흐트러져서 완벽을 추구하면 곤란하다고 한다. 그러나 사람들은 하얀 시트로 정돈된 그곳을 늘 꿈꾼다. 결혼에 대한 환상을 안고 신혼부부들은 인생을 출발한다. 우리는 떠나고 싶어 하지만 결국 돌아오고, 실패가 두려워 불안해하지만 늘 성공을 꿈꾼다.

인생이란 행복과 불행의 고통 속에서 허덕이며 힘들어하지만 그래도 작은 위로와 희망이 우리를 붙들어 준다. 놓쳐버린 풍선이 아쉬워 울음을 터뜨린 꼬마도 '내일 엄마가 또 사줄게.'라는 한마디에 울음을 그치듯이….

세계에서 100m 달리기를 제일 잘하는 우사인 볼트는 9초 후반대로 주파한다고 들었다. 인간은 과연 9초대를 돌파할 수 있을까. 동물 중에서 가장 빨리 달리는 치타는 4초대에 달리고, 여자선수들은 평균적으로 15초에서 18초 사이라고 한다. 나는 걸음이 느리니 아무리 빨리 달려도 30초 사이일 것이다. 30초라는 시간은 짧다면 짧고, 길다면 긴 시간이다. 100m, 길다고 느낀 거리가 30초라고 생각하니 결코 먼 거리가 아니라는 생각이 든다. 잠깐이면 달려올 수 있는 거리다. 10쌍 중의 4쌍이 이혼한다는데, 나처럼 이렇게 집착보다는 다름을 인정하면 이솝우화에 나오는 두루미와 여우처럼 배려하며 살아갈 수 있지 않을까 싶다.

삶이란 묵묵히 걸어가는 게 아닐까 생각해 본다. 그러고 보니 100m의 거리가 그동안 살아온 우리 부부만의 비법이었다. 벌써 정문에 도착한 남편이 저만치에서 나를 기다리고 있다.

지금 이 순간

일 년의 마지막 날이다. 모두 마무리를 하느라 종종걸음을 하며 종무식을 하고, 주부들은 일 년의 묵은 때를 벗기듯 대청소를 한다. 계사(癸巳)년 한해 많이 힘들었다

집안의 맏며느리다 보니 구십이 훌쩍 넘은 시아버님과 갑자기 취직되어 일하러 나가게 된 딸아이와 손녀까지 돌보느라 종종거렸다.

닥친 일을 피하는 성격이 아니다 보니 내가 좀 힘들어도 담담히 한다. 덕분에 상담봉사 하던 것도 못하고 아프리카로 공연을 나가게 된 나나극단 일도 못 갔다. 타인보다 내 가족의 일을 우선으로 하다 보니 그렇게 되었다. 그런 와중에 제주도로 2번이나 여행을 갔고 틈틈이 영화보고 친구도 만났다. 그렇게 시간은 흘러갔다.

희생

"아버님 진지 잡수세요." "어젯밤 한숨도 못 잤다. 배가 고파서." 아침상에 앉자마자 배고프다고 난리다. 섭섭이 귀신과 배고픈 치매에 걸리신 아버님은 온종일 먹는 타령이다. 밥을 금방 먹고 빵을 먹고 과일과 사탕, 그리고 술을 드신다. 조금이라도 저지를 하거나 바른 소리를 하면 섭섭하다고 구박한다고 난리다. 94년의 세월 동안 열심히 일하고 살아온 결과가 이런 마지막이라니 기가 막힌다. 성격이 팔자를 좌우하고 인생을 만든다고 한다. 하지만 종일 하는 일은 통장의 돈을 들여다보고 동그라미를 세는 일과 버럭 소리를 지르며 불러서 가보면 돈이 없어졌다는 것이다. 다시 동그라미를 세어 확인시키고 통장을 찾아 안심시킨다. 어린아이처럼 먹고 자고 싸는 본능적인 삶만 남은 인생이다. 그러나 생육이 아닌 죽음으로 가고 있다. 치매란 죽음으로 가는 통로의 중간지점에 와 있다는 생각이 든다.

돌아가신 어머님이 꿈에 보이셨다고 해서 보고 싶은지 물어보니 "죽었는데 어떻게 만나나. 소용없는 일이다." 하신다. 그리곤 금방 매운탕 먹고 싶다고 하신다. 하루 세끼 밥 챙겨드리고 목욕시키고 빨래하고 청소하고… 매일 하는 일이었는데 희생하고 있다는 마음으로 하루가 고달프고 멀다.

사랑

"할머니, 엄마 보고 싶어요. 우리 마중 나가요." 퇴근 시간이 임박해 오면 어김없이 손녀는 알아차린다. 오후 4시 어린이집에서 돌아와 저녁 7시까지 아이와 놀다 보면 금방 시간이 간다. 4세 아이의 눈높이에 맞춰 같이 친구도 되어주고 동생도 되어준다. 부쩍 동생 타령을 하는 손녀는 나보고 "언니가 마트 가서 장보고 올게. 기다려." 하곤 바구니를 끼고 거실로 나간다. 그래서 "엄마보고 동생 낳으라고 할까?" 하고 물어보면 근심 어린 얼굴로 싫다고 한다. 어떻게 자기가 동생을 돌보느냐고… 책임감을 느끼는 손녀를 보며 웃어넘기지만 가슴이 아프다. 딸아이 오기 전에 씻기고 저녁을 먹여야 제시간에 잠이 들기에 부지런히 아이를 돌본다. 가끔 고집을 부려 힘은 들지만 그래도 기쁨이 있고 아이의 재롱에 자주 웃는다. 그러다 딸이 퇴근해 돌아보면 모녀상봉은 눈물겹다. 할머니는 뒷전으로 밀리고 집으로 가는 발걸음은 아쉽지만, 마음은 사랑으로 하루가 흐뭇하다

고통

상담소 문을 나서며 황사로 뿌연 회색빛 하늘이 내 마음 같다. 며칠 전 읽은 도리스 레싱의 《황금노트북》의 노스 박

사 상담소 같은 곳이 있으면 좋으련만….

"우울증은 감기와 비슷합니다. 내담자님께 일어난 일은 천재지변과 같은 일입니다. 제가 해결할 수 없습니다. 행복하다고 느끼는 것도 연습이 필요합니다." 모든 말이 공허한 메아리처럼 들린다. 친한 친구가 암에 걸렸다 4명 중 1명, 한 집 건너 암으로 고생한다고 해도 내 친구만은 아니라고 믿고 싶었는데… 삶은 예측불허 하다고 하지만, 우리에게 이런 일이 벌어지다니 믿을 수 없다. 그러나 닥친 일을 어쩔 수는 없다. 일상의 삶이란 체험하는 일이라고 하지만 시시때때로 궂은비, 장맛비, 슬픔과 눈물의 비가 쏟아진다.

세월호 사건으로 봄날 내내 눈물바다로 보냈는데 율목독서회의 친한 문우가 갑자기 세상을 떴다. 구조작업을 보며 내 자식 일인 양 가슴을 졸이며 애를 태웠는데, 문우까지 일을 당하고 보니 어이가 없다. 시간을 되돌릴 수만 있다면… 누구를 원망해야 하는지 물어보고 싶다. 자살률이 OECD 국가 중 1위라고 했어도 내 주변 측근에서 이런 일이 벌어지면 황망하여 어쩔 줄을 모르겠다. 살다 보면 아무리 잊으려고 해도 잊히지 않는 일도 많다.

사랑, 만남, 이별, 탄생, 죽음 그리고 후회와 아쉬움, 사는 것이 고해라지만, 고통 속에 성숙한 열매가 있다고 하지만 우선은 견디어내는 것이 할 일이다. 수목장을 끝내고 돌아오니 여전히 세상은 속절없이 흐르고 사람들은 언제 누가 죽었느냐고 무심히 묻는다.

희망

겨울비가 추적추적 내리고 있다. 이런 날은 따뜻한 이불 속에서 좋아하는 음악방송을 틀어놓고 가만히 있는 것이 좋다. 대단한 걱정거리도 그냥 음악 속으로 흘러가고 바쁜 일거리도 마냥 미루게 된다. 그러다 배고프면 밥 한술에 김장김치 한쪽 꺼내어 맛나게 먹고 커피 한 잔 마시면 모든 시름이 사라지는 것 같다. 뿌연 하늘 사이로 흩날리는 빗방울을 보고 있으려니 아련한 어릴 적 기억 하나가 떠오른다. 여중 시절 친구들과 모여서 처음 크리스마스 파티를 하던 날 간단한 과자와 음료수가 고작이었지만, 게임을 하며 깔깔거리던 그 밤에 다음날 오실 산타를 기다리며 우리 가슴에는 즐거움과 행복이 가득했다. 우리의 삶을 찬란하게 하는 건 이렇게 소소한 것에 있는지도 모르겠다.

이제 우리 모두 회복과 치유의 시간이 필요하다. <어바웃 타임>이라는 영화에서 마지막으로 '오늘이 두 번인 것처럼' 살라는 아버지의 조언처럼 시간여행을 할 수 있다면 나쁜 일이 일어나지 않게 막을 수 있었을까. 길 위에 서 있는 우리들의 삶은 속도가 아니라 방향을 잘 잡아야 한다. 오르는 것만 생각하고 달려왔던 삶이 내려가는 길을 생각할 나이가 되다 보니 이제야 이 순간이 보인다. 헛되이 보낼 수 없다는 이 느낌대로 묵묵히 가야 한다. 사랑과 용서를 온 누리에, 모든 질서와 법이 구현되는 날을 기약하며 수많은 어린 영혼들과 내 문우의 평온을 위해 기도한다. 어디선가 희붐한 빛이 보인다.

우리는 어디로 가고 있는가

서양고전, 인간을 말하다

플라톤 아카데미의 인문학강의—힐링이 범람하는 시대에서, 세상의 고민을 고전공부를 통해, 만 명이 넘는 사람이 모여 강의를 듣는다. 어린 학생들부터 팔순이 넘은 노인들까지 수많은 사람이 'who am I?' 나를 찾기 위해 서성이며 몰려왔다.

12번의 강의를 듣는 화요일 저녁마다 거의 비가 왔다. 늦은 밤, 고속도로를 달리며 집으로 가는 내내 가슴을 졸여야 했다. 남편의 운전 실력을 믿을 수 없어 집에 도착할 때까지 조바심에 시달렸다. 이 나이에 죽는다고 해도 그리 억울할 것은 없지만 죽지도 않고 하반신 마비가 되든지 식물인간이 되어 여러 사람을 괴롭히면 어쩌나 하는 걱정 때문에 3개월 동안 마음이 편치 않았다.

마지막 강의를 듣고 돌아오면서 나는 그동안의 기우(杞憂)와 내가 누구인지 알 수 있었다. 플라톤, 데카르트, 단테, 베토벤, 카프카, 아인슈타인, 프로이트, 햄릿 등 여러 강의를 들었지만, 이진우 교수의 <니체의 차라투스트라> 강의를 들으며 잊고 있었던 문제의 해답을 찾은 듯하여 마음이 편안해졌다.

'나는 누구인가?' 무수히 생각하며 살았던 질문이다. 니체가 주장했던 자신의 운명에 대한 사랑 '아모르 파티' 고독과 질병 그리고 고통 속에서의 산책과 여행, 그리고 글쓰기를 계속하며 운명을 견디고 사랑한 진정한 초인을 꿈꾸던 방랑지. 니체는 영혼의 촉수를 가진 삶의 철학자였다. 그는 자신을 통해 세계를 파악하고자 했으며 세계에 새로운 의미를 부여하기 위해 자신을 실험 수단으로 삼았다.

삶이 수천 개의 모습으로 다양하게 펼쳐지듯 니체는 수천 개의 얼굴을 가졌다. 평생 고통과 광기에 시달렸다. 토리노에서 쓰러진 후 10년 동안 정신적 암흑기를 보내며 살았지만 늘 글쓰기와 책 읽기를 좋아했다. 그는《신은 죽었다》,《권력에 의지》,《초인》,《차라투스트라는 이렇게 말했다》,《이 사람을 보라》 등 수많은 저서를 남겼다. 니체의 삶은 의미를 찾아 헤매는 항해의 과정이었다.

《니체의 차라투스트라를 찾아서》라는 책은 이진우 교수가 방랑자 니체를 가슴에 안고 베를린에서 토리노까지 그의 삶의 여정을 찾아가며 쓴 철학적 기행문이다. 강의를 듣고 니체를 느끼면서 책을 읽으니 더욱 큰 감동과 위로를 받았다. 늘 나를 괴롭혔던 인간의 고통에 대한 해답을 어렴풋이 찾을 수 있었다.

베드로의 집

그 아이는 소리죽여 흐느끼고 있었다. 흐르는 눈물은 그대로 뚝뚝 바닥으로 떨어졌다. 바라보는 나 자신도 그의 슬픔에 동화되어 가슴이 먹먹해졌다. 어린 나이에 탈북하며 경험했던 죽음과 고통, 두려움은 사람을 너무 진지하게 만드는 것 같다. 특히 육친의 죽음을 경험하면 사람들은 공허감과 고독함에 피폐해지기도 한다. 그리고 가족과의 이별, 정녕 고통의 끝은 있는 것일까.

그녀는 오늘도 아들을 기다린다. 일주일째 연락이 안 되는 아들에게 계속 전화하지만 받지 않는다. 스마트폰을 사주지 않는다고 엄마가 나에게 해준 게 뭐가 있느냐며 소리치며 그녀를 밀치고 나간 아들은 어디에 있을까. 아무리 문자를 보내도 대답이 없는 아들, 어미의 속 타는 마음을 아들은 왜 모를

까. 이혼하고 겨우 입에 풀칠만 하다 밥이라도 배불리 먹이려고 시설에 보낸 이 어미의 마음을 언제나 알아줄까.

시각장애인 부모 밑에서 생활하다 이 집으로 온 중학생, 일본인 어머니와 여동생과 살다 폭력 아버지를 피해 이 집에 온 아이…. 이곳은 천주교에서 운영하는 시설로 모두 7명이 살고 있다. 각자 사연들이 있지만, 가족으로 모여 형, 동생 하며 살아간다. 하지만 각자의 고민과 고통의 무게는 모두 다르다.

고통과 예술

인간은 모체에서 극심한 진통 속에서 태어난다. 그래서 아픔은 누구나 생애 처음 겪는 체험이다. 아리스토텔레스는 아픔을 쾌감과 반대되는 정서로 "지각의 파장이 혈관을 따라 심장으로 전해지다가 그 파장이 너무 지나치게 강해지면 아픔이라는 정서로 변한다."고 말했다. 이 이론은 천 년 이상 계승되다가 17세기에 이르러 데카르트에 의해 "아픔은 촉각이나 온도 등과 같이 지각의 일종이며 이 지각에는 특이한 통로가 있다."고 했다. 이렇게 아픔을 지각인가 정서인가 하는 논쟁은 20세기에 이르러서야 지각과 정서 모두 관련되었다고 결론지었다. 사실 아픔은 어디까지나 각자 겪는 개인적

주관적인 감각이며 객관적인 측정은 불가능하다. 하지만 같이 아파하고 위로하며 껴안아줄 때 인간적 유대감으로 우리는 동질감을 느낀다.

남의 고통을 온전히 이해한다는 것은 근본적으로 불가능하다. 자신의 고통으로 남의 고통을 가늠할 뿐이다. 고통이란 시대나 문화를 초월해 인류 역사의 어느 때, 어느 곳에서나 찾아볼 수 있다. 고통은 신체와 정신 그리고 문화가 만나는 곳이면 반드시 생겨나며 그러한 주제로 한 그림과 문학, 음악, 노래는 수없이 많다. 우리들은 이런 예술작품을 보며 위로받기도 하고 치유되기도 한다. 나는 가끔 우울하면 양희은이 부른 <외로우니까 사람이다>라는 노래를 들으며 눈물을 흘리기도 하고, 모딜리아니의 <푸른 눈의 여인>을 보며 그의 아내 잔의 눈동자에 서린 슬픔과 사랑을 생각하며 가슴 아파하기도 한다. 과연 고통의 끝은 어디쯤일까.

삶, 긴 여정

100세를 사는 고령화 시대, 사람은 나이가 들면 뇌의 기능이 저하되기 때문에 미세한 자극에는 반응하지 못하고 강한 자극에는 인내할 수 없다고 한다. 그래서 고령이 되면 몹시 불안하고 두려워한다. 그러면 잠재되어 있던 원시적 본능, 즉 뇌의 기능을 정지시켜 불안과 고통을 잊으려는 본능이 작용하여 치매가 된다는 보고를 읽은 적이 있다. 모든 것을 잊고 현실에서 벗어나고 싶어 정신적으로 문제가 생긴다는 것이다.

우리의 삶에 의미를 부여하는 것은 무엇일까. 돈, 권력, 사랑, 건강, 지식 무엇이 우리의 삶을 의미 있게 만드는 것일까. 이 물음에 대한 답을 찾기 위해 니체는 차라투스트라를 찾아 나섰던 것은 아닐까. 그렇게 힘든 삶을 살았지만, 음악을 사랑하고 시를 사랑했던 니체. 그의 마지막 모습은 평화로웠다고 한다.

우리는 죽음을 맞이하며 어떤 말을 할 수 있을까? 나도 이 나이가 되고 보니 어떻게 죽음을 맞이해야 아름다울 수 있을까를 늘 생각하게 된다. 자는 듯이 고통받지 않고 잘 죽을 수 있으면 좋으련만, 바흐처럼 "그것으로 충분합니다. 주여, 당신의 뜻이라면 저를 놓아 쉬게 하십시오."라고 말할 수 있도록 끝없이 가고 있다.

이 또한 지나가리라

지난주 일요일 아침 시아버님 집에 불이 났다며 전화가 왔다. 놀라서 달려가 보니 시아버님이 불을 내신 것이다. 온 동네 사람들의 아우성에 얼굴을 들 수 없었고, 경찰서 소방서 등을 쫓아다니며 수습하느라 남편은 혼이 났다.

안방과 부엌 위 지붕이 반쯤 타서 날아갔고 물바다가 된 집을 남겨두고 아버님만 모시고 집으로 왔다. 그런데 자꾸 소방서 놈들이 불을 질러서 그렇게 되었다며 우기는 것이다. 아흔을 훌쩍 넘기신 나이에 어머님이 돌아가신 지 벌써 4년이 넘었으니 혼자 생활하는 노인들의 일상이야 가히 상상하는 그대로다. 보채는 아이처럼 자꾸 되풀이하는 말에 대꾸할 기력도 없는지 남편은 말이 없다. 아버님을 겨우 잠들게 하고 그 다음 날부터 남편은 용인에서 본가 인천까지 계속 아버님을 모시고 출퇴근하며 수습했다.

그동안 약간의 치매와 고관절 부상으로 요양병원에 있었지만, 자꾸 집으로 가겠다고 해서 퇴원하셨는데 이렇게 큰일이 나고 말았다. 지난번 병원에서도 갑자기 없어지셔서 여러 사람을 고생시키더니 또 이런 일이 벌어졌다. 그런데 문제는 누구의 말도 듣지 않고 당신 말만 고집하는 것이다. 소방서를 고소해서 보상받아야 한다며 경찰서에 가자는 아버님을 말리느라고 남편은 기운이 다 빠졌다. 자신의 나이를 인정하지 않고 아직도 무엇이라도 할 수 있다고 우기는 아버지를 남편도 지쳤는지 이제는 손을 놓아 버리고 싶어한다.

"너무 오래 사는 것도 욕된 일이야." 하며 중얼거리는 남편의 흰머리를 보면 나는 안쓰럽다. 내년이면 칠순인 아들이 아버님 눈에는 아직도 어리게 보이나 보다. 불경스러운 마음인지 알면서도 부디 순명하셔서 어서 어머님 곁으로 가시라고 기도를 올릴 수밖에….

중국의 대철학자 지셴린은 98세를 살며 5천 권의 저서를 남긴 분이다 '나라의 스승'으로 온 국민의 존경을 받으며 한평생을 학문에만 정진한 전설 같은 분이다. 그분이 인생에 대해 쓴《다 지나간다》라는 책을 읽으며 많이 공감하였다.

스스로 늙음을 인정하는 일은 어렵지만, 인생에서 가장 중요한 것은 죽음을 어떻게 받아들이고 맞이하는 것이다. 우아하게 늙기, 아름답게 늙기, 그리고 담담하게 늙어가는 것을 인정하며 생을 마감할 때 인간의 존엄성과 명분이 생긴다. 장수의 비결을 묻는 사람들에게 "비결이 없는 것, 또는 비결을 찾지 않는 것이 내 비결이요."라고 지셴린 선생은 말한다. 그는 인생의 좌우명으로 도연명의 시를 읊조리며 지나가는 생의 옷자락을 놔주라고 말한다.

인생사는 백 년 동안 하루하루 문제의 연속이지만
제일 좋은 방법은 기다리는 것
그저 가을바람 불어 귓가를 스칠 때까지 기다리게.

며칠 전 남편 친구인 B씨가 돌아가셨다. 100세 시대라는 요즈음 70을 못살고 갔으니 절친한 사이인지라 애통함과 충격이 더 컸다. 그동안 그 친구와 나누었던 우정을 생각하며 남편은 한동안 많이 슬퍼했다. 하나둘씩 떠나는 친구들을 헤아리며 우울해했다. 암으로 고생했지만 그래도 간호사인 부인 덕분에 잘 견디고 있다고 믿었었는데 그렇게 빨리 갈 줄 몰랐다며 슬퍼하는 남편을 달래며 이런저런 이야기를 하며 위로했다. 하지만 누구도 육친이나 친구의 죽음 앞에서 담담할 수는 없다.

나이를 먹다 보니 삶을 바라보며 어떻게 잘 살다 죽을 것인지 끊임없이 생각한다. 정답은 아는데 실천을 못 하고 사는 중생인지라 노력하지만, 알 수 없는 것이 인생이다. 어이없이 닥치는 재난이나 생각지도 못했던 불행 앞에서 우리는 얼마나 담담할 수 있을까. 주어진 환경과 상황에서 최선을 다하는 것이 후회 없이 살다 가는 인생이라지만 과연 몇 사람이나 후회 없이 살았다고 말할 수 있을까.

중국 화단의 대가인 펑즈가이가 '차츰차츰'이란 말을 처음 사용했는데 이 말은 신통력이 있어서 인생에 미치는 영향력이 대단하다고 한다. 사람의 뇌리에 슬픔도 기쁨도 늙음도 차츰차츰 각인되면 인생이 퍼내도 퍼내도 마르지 않는 샘물이 아님을 깨닫게 되고 시간을 허비하지 않고 게으름을 피우지 않게 된다고 한다. 세상에 참으로 많은 공부가 있지만 진정한 가치, 진정한 경쟁력을 가진 공부는 '좋아서 하는 공부'라고 한다. 이제 앞으로 남은 시간 좋아하는 책이나 읽으며 문우들과 담론하며 그저 가을바람 불 때까지 기다리자. 소중한 것들이 눈앞에서 영원히 사라져 갈 때 힘든 순간마다 마음에게 말한다. '이 또한 지나가리라.'

희붐한 세상

며칠 전 전철에서 만난 할머니가 녹내장으로 실명할지도 모른다며 처음 만난 나를 붙잡고 하소연을 한다. 아들 유학 뒷바라지를 하다 이렇게 되었다며 목울대까지 차오른 설움과 분노를 어찌할 줄 몰라 하는 모습을 보니 안타까운 노인들의 자화상을 보는 것 같다. 20년 전 백내장 수술을 하고 잘 보이다가 2~3년 전부터 다시 눈이 흐려져 레이저 수술을 받은 친구는, 이러다 앞을 못 보는 것은 아닌가 하는 걱정에 우울증이 오는 것 같다고 호소한다. 나는 그 친구가 너무 예민하게 반응하는 것 같아 믿어지지 않았는데 우리 몸에서 건강이 나빠지면 처음으로 반응하는 곳이 눈으로 나타난다고 한다. 나는 어릴 적 검은 테 안경을 쓴 국어 선생님이 멋있어 보여, 어떻게 하면 눈이 나빠져서 안경을 쓸 수 있을까 고민했다.

어두운 곳에서, 누워서 책을 읽으며 눈을 혹사하는 어리석음을 저지르기도 했지만 내 눈은 늘 1.5였다. 그래서 막연히 나중에 장기기증을 하면 내 눈을 주리라 생각하곤 했다. 학창시절 가끔 어른들이 '네 눈빛이 좋구나.' 하는 소리를 많이 들었지만, 안경을 쓰면 더 지적으로 보일 것 같아 그렇게 철없는 행동을 저질렀다. 그렇게 좋던 내 눈이 몇 년 전부터 침침하고 흐려지기 시작했다. 노안이 온 것 같아 안과에 가니 백내장이라고 한다.

드디어 수술을 했다 5년 동안을 약으로 지연시키다가 드디어 했다. 수술 당일 12시 반까지 도착하여 준비하고 오후 4시가 되어서야 시술되었다. 혼자 수술대에 누워 있으려니 두려움과 걱정으로 가슴이 두근거렸지만, 어차피 치러야 할 몫이기에 마음을 진정시켰다. 수술과정을 오롯이 견디는 것이 힘들다.

계속 눈을 뜨고 10분을 견디는 것이 그렇게 길게 느껴지기는 처음이었다. 10분의 시간이 몇 겁의 시간처럼 생각되었지만 '잘하고 있습니다. 이제 3분 남았습니다. 정말 잘하십니다.' 하는 격려의 말이 없었다면 견딜 수 없었을 것이다. 병원이름의 '누네'라는 말은 히브리어로 하늘과 사람을 이어주는 중재자라는 뜻이란다. 의료진들이 제발 중재자의 역할을 잘해 주리라고 믿고 기도할 수밖에 없다. 블랙홀로 빨려 들어가는 것 같은 느낌이다. 10cm의 작은 수술 면포의 반경 속으로 계속 빛이 쏟아지고 옆에서 소독하는 샤워 물은 뿌려지고 박사님의 목소리만이 유일한 탈출구인 양 내 온몸이 소리에 반응하며 붙잡고 있다. 2.4mm의 작은 구멍으로 인공 수정체를 집어넣는 고밀도의 수술이다. 마치 내 몸이 로봇인 것처럼 느껴지며 부속품을 조립해 넣고 있다는 느낌이다. 끝나고 회복실에 누워 있으니 4시 30분이었다. 왼쪽 수술한 눈에 안대를 하고 누워 있으니 보호자들과 같이 온 다른 사람들이 조금은 부러웠다. 하지만 씩씩하게 주사를 맞고 누워서 쉬다가 나오니 사위가 와 있었다. 어찌나 반갑든지 새삼 가족의 소중함이 느껴진다.

딸네 집에서 쉬고 있으니 4살짜리 손녀가 와서 "할머니 아파요." 하며 살며시 다가온다. 집이 시 외곽이고 치매로 고생하는 시아버님을 한시라도 혼자 둘 수 없어 남편은 올 수 없었다. 내일 아침 다시 병원을 내원해야 하고 딸네 집이 편할 것 같아 여기로 왔으나 내 집 같지 않으니 불편하다. 밤새 눈은 쑥쑥거리고 2시간마다 소독약을 넣는 일이 만만치 않다. 플라스틱 안대를 하고 잠드는 것이 아주 불편해 할 수 없이 수면제를 복용하고 겨우 잠이 들었다. 이제 희뿌연 안개 같은 것이 시야를 흐리고 무언가 어른거리는 것이 답답하여 늘 눈을 찡그리고 살던 세상에서 벗어날 수 있을까… 완쾌되는 한 달 후가 기다려진다.

한쪽 눈을 가리고 생활을 하려니 균형이 맞지 않아서 그런지 불편하다. 자꾸 눈을 감게 된다. 보이지 않으니 소리와 촉각에 민감해진다. 시아버님이 계시니 쉴 수도 없고, 집안에서 선글라스를 끼고 요리를 하니 시각장애인들의 생활상이 느껴진다. 퀼트 바느질과 책 읽기를 좋아하는 나는 새삼 눈의 소중함이 느껴지고 이만한 것에 감사한다.

세상은 빠르게 급변하고 있다 스마트폰의 개발로 우리는 앉아서 세계 곳곳의 소식들을 접한다. 그리고 궁금한 모든 것을 인터넷으로 금방 찾아볼 수 있다. 이제는 음성인식으로도 찾을 수 있다. 정말 대단한 세상이다. 문자가 익숙한 우리 세대는 조그만 화면이 아직도 익숙하지 않지만, 그래도 산책을 할 때나 버스를 타고 이동하면서도 음악을 듣고 인터넷을 이용하는 것이 신기하다. 어느 소설가는 보고 들리는 대로 듣고, 느껴지는 대로 느끼고, 경험하는 대로 경험하며 글을 쓰라고 하지만 쉽지가 않다. 그냥 보이는 대로 느끼고 행동하는 것도 힘들다. 그래도 나이 들어서 좋은 점은 누구의 눈치도 안 보고 행동할 수 있게 된 점이다.

세상에는 눈에 보이는 것과 보이지 않는 것이 함께 존재해야 생명을 존속시킬 수 있다고 한다. 보이지 않은 것이 우리를 버리고 떠날 때에야, 그것이 뒤돌아서서 사라진 다음에야, 보이지 않는 것이 얼마나 중요한지 깨닫게 된다고 원형 심리학자 제임스 힐먼은 말한다. 늘 우리 곁에 있을 때는 모르다가 없어진 다음에야 알 수 있다고 한다. 《나는 무엇을 원하는가》라는 책을 읽으며 새삼 보이지 않는 삶의 비밀들에 대해 생각한다. 그리고 운명의 부름에 대해, 소명과 기질에 대해 생각한다. 작은 도토리가 거대한 떡갈나무가 되도록 운명지어졌듯이 나의 부름이 무엇인지 직관적으로 느껴보기 위해 내면의 소리를 들으려고 한다. 그리고 나도 모르는 존재 이유를 알기 위해 책을 읽고 지평을 넓히고 마음으로 많은 것을 보려고 한다.

정작 우리에게 필요한 것은 한쪽만 보는 것이 아니라 바로 보는 것이다. 중년 이후 바로 본다는 것은 좋아지는 것과 나빠지는 것을 구별하고 이해하는 데 있다. 아무리 급변하고 빠른 세상일지라도 변하지 않는 것은 있다. 보이지 않는 것을 믿고 보기 위해 우리는 소중한 것들을 지켜야 한다. 전자책과 스마트폰이 발달해도 이 세상은 희붐하게 비추는 한 줄기 빛을 향해 나아가고 있다.

부엉이 집을 얻다

매주 수요일 오후 나는 부엉이 클럽에 간다. 우연히 인터넷을 통해 알게 된 그곳은 영화 <아메리칸 퀼트>에 나오는 장면처럼 함께 모여서 부엉이를 만드는 곳이다. 조각 천에 본을 떠서 오려 일일이 손으로 꿰매어 한 땀 한 땀 수를 놓아 눈을 만들고 부리를 만든다. 그런데 신기한 것은 각자의 개성에 따라 부엉이의 얼굴이 모두 다르게 만들어진다는 사실이다. 축복 부엉이, 건강 부엉이, 달 부엉이, 별 부엉이…, 서로가 실과 바늘이 되어 인연으로 모인 사람들은 부엉이를 만들며 인생을 그리고 사연을 만든다. 지도해 주시는 일흔이 넘으신 J선생님은 소녀처럼 고운 모습으로 늘 자작시를 읊어주시고 재미난 퀴즈로 바느질하는 우리들을 즐겁게 해주신다. 3~4평이 되는 자그마한 그곳에서 우리는 조각천의 색상을 맞추고 알록달록한 수실을 가다듬는다. 늘 새로 만들어온 부엉이를 보여주면 감탄하고 칭찬한다. 서로가 서로를 가르쳐주며 보듬어주는 그곳은 웃음과 행복으로 가득하다.

서양에서는 부엉이가 그리스 신화 속의 미네르바 부엉이처럼 지혜를 뜻하여 도서관, 서점, 학교 등의 상징으로 이용된다. 일본에서는 '후쿠로우'라는 이름에서 동음이의어로 '앞으로 고생하지 말고 잘 살라.'라는 의미다. 그래서 새로 시작하는 사람들이나 신혼부부에게 선물한다. 또 《해리포터》가 출간된 후 어디든 정확하게 배달해주는 믿음직한 배달부의 이미지가 떠오르기도 한다.

우리나라에서는 '부엉' 대신 부흥(富興)이라는 의미로 부엉이 곳간, 부엉이 살림 등의 속담처럼 재물과 부로 상징된다. 옛날에는 '떡 해먹자 부엉 쌀 떨어졌다 부엉.' 하면 그해에는 풍년이 들었다고 전해온다. 또 부엉이는 부지런하여 닥치는 대로 먹을 것을 물어다 저축하므로, 부엉이 집에는 없는 것이 없어 식복이 많은 사람을 '부엉이 집 같다.'라고 했다.

부엉이는 올빼미목의 올빼미 과에 속하는 모든 새를 통틀어 이르는 명칭으로 그 중 부엉이는 주로 수리부엉이를 말하며 우리나라에서는 천연기념물로 지정되어 있다. 흔히 부엉이와 올빼미를 혼동하는데 구별은 귀 깃이 있고 없는 것으로 판단하며 부엉이가 올빼미보다 훨씬 크다. 그리고 수리부엉이는 '포~호 푸~호.' 하며 울고 솔부엉이가 '부엉부엉.' 하며 운다. 부엉이는 특히 넓은 시야를 가져 사람의 100배의 시력을 가지고 있고, 청력도 뛰어나다. 그래서 지방의 어느 경찰서에서는 부엉이 로고를 벽화로 그려놓고 지킴이로 사용하고 있다. 나도 자꾸 눈이 시리고 소리도 잘 들리지 않아 이제는 부엉이를 닮았으면 좋겠다는 생각을 해본다.

외손녀의 첫돌이 다가와 무슨 뜻깊은 선물을 할까 고민하다 큰맘 먹고 그곳에 갔다. 나는 학교 다닐 때에도 바느질 숙제를 하기 싫어 집에서 일하는 아주머니에게 대신해 달래서 가져가곤 했었다. 가정시간에 동양자수를 배웠는데 처음으로 수놓은 목련꽃은 표구 값이 아까울 정도였다. 특히 여자의 덕목으로 솜씨, 맵시, 말씨, 마음씨 등을 말하는 것에 반발하며 그 시간에 책 한 줄이라도 더 공부하고 책 읽는데 시간을 보내곤 했었다. 결혼한 후에도 바느질거리가 생기면 남편이 주로 재봉질을 했고 아니면 수선실에 맡겼다. 그러던 내가 바늘을 잡았다. 돋보기를 쓰고 손을 찔려가며 한 땀 한 땀 수를 놓았다. 모양이 잡히고 눈에서 빛이 나고 완성되어 가는 그 모습이 신기로웠다.

이제야 나는 깨닫는다. 옛 여인네들이 시름과 기쁨을 담아 바느질을 하며 보냈을 그 긴 밤들을…. 그네들이 밤새워 가며 보냈을 그 세월을 가슴으로 느낀다.

남편은 밤늦게까지 바느질하는 나를 신기하게 바라본다. 손녀의 건강과 행복을 기원하며 서투른 솜씨로 만든 부엉이를 돌상에 올렸다. 돌잔치를 한 그 날 저녁 딸이 문자를 보냈다. "엄마 고마워 부엉이를 보며 엄마의 정성이 느껴져 울컥했어." 나는 그 문자를 보며 새삼 어미 됨을 느낀다.

"수천 번 수만 번 뜸질하는 색실이, 내 깊은 곳 흐르며 태어난 부엉이들, 가난한 내 사랑의 표시였다."라는 J선생님의 시처럼 부엉이는 가족과 그리운 얼굴이 되어 사랑으로 태어난다.

인생이란 그저 살아가는 것이다. 결과가 아니라 과정이며 한순간 순간이 이어져 행위가 되어 한 사람의 삶이 된다. 삶의 분량은 시간의 길이가 아니라 내용에 있는 게 아닐까. 인생의 2막이 시작되는 이제부터 부엉이처럼 바삐 움직여 곳간에 이것저것 쌓다 보면 무엇인가 그림이 되고 시가 되고 노래가 될 것이다.

날씨가 추운 탓인지 사람들의 발걸음이 총총거린다. 바느질이 끝나고 집으로 가는 광역버스를 기다리며 지나가는 사람들을 쳐다본다. 모두 무엇이 그리 바쁜지 열심히 움직인다. 이 넓고 황량한 세상에서 먹이를 찾는 새처럼 두 눈을 두리번거리는 초로의 아버지들과 세상을 헤치고 나갈 마음으로 마스크와 목도리로 완전무장하고 야상점퍼를 입은 한 무리의 젊은이들이 지나간다. 겨우 매달린 버스 안에 사람들이 가득하다. 히터에서 품어내는 열기와 사람들이 쏟아내는 숨소리로 탁한 공기는 담배 연기처럼 자욱하다. 지친 사람들의 어깨가 무거워 보인다. 새해에는 부엉이를 열심히 만들어 지인들에게 나누어 주고 싶다.

눈부처 보기

뉴욕의 맨해튼 거리는 상상했던 대로 활기차고 복잡했다. 수많은 빌딩과 많은 인파 그리고 자동차들, 우리 관광버스는 정차할 곳을 찾지 못해 34번가를 계속 돌았다. 성수기 때는 1시간 이상 기다려야 한다고 하는데 다행히도 오후 5시가 넘어선지 별로 기다리지 않고 엠파이어스테이트빌딩 안으로 들어섰다. 86층으로 올라가니 전망대다. 내려다보니 과연 스카이라인이 대단하다. 저만치 앞에 하늘 끝이 있는 듯하다

미국 동부와 캐나다를 여행하는 동안 많은 것을 보느라고 정신없이 다니다가, 마지막 코스인 여기에 서 있다는 사실이 새삼스럽다. 눈앞에 불현듯 보이는 흰 구름이 한가롭다. 이 아름다운 세상을 볼 수 있다는 사실에 감사하며 마치 하늘에 오르듯 나는 생각의 넝쿨을 타고 오른다.

평소 헬렌 켈러의 상상력을 대단하게 생각했던 나는 그녀가 쓴 <3일 동안만 볼 수 있다면>이란 글을 좋아했다. 그는 첫째 날 친절과 우정으로 내 삶을 가치 있게 만들어준 친구들의 내면적인 천성을 보고 싶고, 둘째 날에는 뉴욕의 메트로폴리탄 박물관에서 예술을 통해 사람의 영혼을 살펴보고 싶고, 셋째 날에는 많은 사람이 오가는 거리에서 그들이 어떻게 일하며 살아가는지, 도시의 행복과 불행을 보고 싶다고 했다. 나는 그 글을 읽으면서 기회가 되면 나도 그녀처럼 같은 체험을 해보리라 상상하며 이번 여행 일정을 뉴욕으로 잡았다.

저 밑에서 사람들은 열심히 움직이고 있겠지만 이렇게 위에서 내려다보니 모든 것이 아물거린다. 세상살이가 환영이라고 하지만 그래도 똑바로 보라고 말들을 한다. 아무리 기웃거리고 더듬어 보았자 조물주의 눈에는 사람들이 마치 고물거리는 벌레처럼 보이겠다는 생각이 든다. 그렇게 하염없이 서서 내려다보다 깜짝 놀랐다. 86층 전망대 철조망 밖 난간에 비둘기 한 마리가 나를 빤히 보고 있는 것이 아닌가. 급히 남편을 불렀다. 남편과 나는 생선 처음 비둘기를 보는 사람처럼 호들갑을 떨며 사진을 찍었다. 그는 사진을 찍는데도 꼼짝을 하지 않고 나를 보고 있다. 나는 갑자기 '눈부처'라는 말이 생각났고 비둘기의 눈에 눈부처라도 만들 것처럼 마주 바라

보았다.

"어쩌자고 여기까지 혼자 올라왔니?" 나는 신기하면서도 안쓰러운 마음에 그에게 물었다. 그 역시 나를 보고 "너는 무엇을 찾아 여기까지 왔니?" 하고 물으며 나를 빤히 보고 있다.

내가 아는 상식으로 비둘기는 환경적응력이 뛰어나고 유일하게 젖을 먹여 새끼를 기르는 모성본능이 강한 새다. 그들은 무리를 지어 살며 가장 빠르게 비행하는 새라는 것과 평화의 상징이라는 정도다. 그런데 혼자 이 높은 곳에 앉아 있는 비둘기가 무슨 의미라도 되는 것처럼 나는 가슴으로 그를 안았다.

그날 저녁 나는 맨해튼에서 친구들을 만났다. 그렇게 J를 만났다. 초등학교 4학년 때 친하게 지냈던 친구다. 다른 친구를 통해 그 친구의 전화번호를 듣고 망설임도 없이 그녀에게 전화를 걸었다. 우리는 40년의 세월을 뛰어넘어 금방 서로를 알아보고 얼싸안았다. 다른 친구들을 기다리는 잠깐 서로의 안부에 대해 자연스럽게 이야기했다. J는 77년에 온 집안이 이민 왔고 그동안 디자이너 일을 하다 지금의 남편과 재혼했으며, 남편은 변호사로 잘 나가고 있어 경제적으로는 풍족하나 전실 자식들을 키우는 문제가 만만치는 않다고 한다. 3살부터 키운 막내가 친엄마로 알고 잘 따르고 있다면서, 활짝 웃는 그녀의 얼굴을 보니 어릴 적 모습과 천성이 보인다.

우리는 푸짐한 저녁을 먹고 길 건너 빵집으로 자리를 옮겼다. 뉴욕의 밤은 깊어만 가는데 우리들의 이야기는 그칠 줄을 몰랐다. '고려당'이란 네온간판을 보니 여기가 서울 종로인지, 맨해튼인지 착각이 들 정도다. 눈가에 살짝 어린 주름살도 무색하게, 우리들은 모두 어릴 적 빛났던 순간들을 이야기하며 갈래머리 소녀들처럼 웃었다.

나는 사람과 사람과의 사이에도 터널이 있다고 생각해 왔다. 누군가를 만나 관계를 맺는다는 것은 굴을 뚫는 작업과 비슷하다. 서로의 눈을 마주하고 같이 노력하면 금방 소통이 되지만, 한쪽에서 열심히 노력한다 해도, 단단한 바위를 만나면 어렵듯이 상처가 많은 사람이나 열등감에 사로잡혀 있는 사람들을 만나면 시간이 오래 걸린다. 또 어렵게 터널을 뚫었어도 자주 왕래하지 않으면 다시 막힐 수 있다. 좋은 관계를 맺으려면 서로의 눈높이를 맞추고 대화를 많이 나누어야 하는데, 우리들은 시·공간을 초월하여 잘 통하고 있었다. 나는 그들의 사는 이야기를 들으면서 오후에 만난 비둘기와 내 친구들이 매우 비슷하다는 생각이 들었다. 외국에서 한국인으로서의 긍지를 지키면서 전문가로 일하는 모습들과 그러면서도 자식들을 위해 헌신하는 점들이 닮아 보였다. 동그란 그녀들의 눈과 비둘기의 눈이 오버랩되며 내 가슴으로 다가왔다.

'무엇을 보러 여기까지 왔을까, 그리고 앞으로 무엇을 보며 살아갈까?' 하는 화두를 안고 나의 일정은 끝났다. 각자의 가치관과 인식의 틀이 문제겠지만, 세상을 볼 수 있는 눈이 있음에 감사하며, 헬렌 켈러처럼 마음의 눈으로 친구 J도 만났고, 센트럴 파크를 거닐며 많은 사람을 만났다. 그리고 911사태의 참사현장을 보며 이 도시의 행복과 불행도 보았다.

우리의 삶이 아무리 환영이라도 나는 의미를 부여하며 보고 싶다. 다음날 새벽 공항으로 가면서, 나는 언제나 세상을 경이롭게 볼 수 있는 눈과 남은 생의 길목에서 만날 모든 사람들에게 눈부처를 보리라 소망하며 뉴욕을 떠났다.

※눈부처: 눈동자에 비치어 나타난 사람의 형상.

어둠 속에 앉아서

잠이 오지 않는 밤. 거실에 촛불을 켜고 앉아 노래를 듣는다. 영혼이 술렁거리는 노래들…. 잠깐 혼란스러웠던 마음과 생각들이 두런거리다 제자리를 찾아간다. 가만히 누워서 달빛을 받으며 호흡을 가다듬는다. 잠시 저 너머 먼 세계를 다녀온다. 두려움과 걱정은 사라지고 다시 새로운 에너지가 솟는 것을 느낀다. 새벽 3시 천문(天門)이 열리는 시간이다. 새벽기도를 가기 위해 종종걸음을 하는 수험생 어머니들과 생활을 위해 졸린 눈을 비비는 시장 사람들. 만물을 깨우고 첫 예불을 드리기 위해 종을 치는 스님의 손길에 온 세상을 사랑하는 마음이 있다. 나도 잠시 기도를 올린다. 나를 둘러싸고 있는 모든 인과관계가 하늘에 연 걸리듯 널려있다. 조심스레 줄을 당겨도 보고 느슨히 풀어도 보지만 쉽지는 않다.

"얼마나 힘들었니? 그래도 여기까지 온 것이 자랑스러워." 나는 아이의 등을 두드려주며 안아 주었다. 이번에 상담을 맡은 A는 '경계선 정신지체' 아이이다. 중학생이지만 IQ가 70 정도다. 하지만 그도 제일 걱정되는 것은 공부다. 그는 체구는 멀쩡하지만, 말이 어눌하며 표현이 단순하다. 그래도 인사는 잘한다. 그림을 잘 그린다고 해서 매주 면담하는 동안, 나는 그에게 자유로이 그림을 그리게 하며 이런저런 이야기를 나눈다. 날씨와 친구, 가족, 공부 등…. 지나가는 이야기처럼 말을 건네면 곧잘 대답한다. 그와 만나는 수요일 오후에 나는 잠시 그와 같이 어린아이가 된다.

상담실 자원봉사를 하면서 많은 인생과 이야기를 나눈다. 힘없고 대책 없는 그들은 어디에도 하소연할 데가 없어 복지관 문을 두드린다.

독거 노인들에게 반찬을 나르는 K씨, 매일 아이들에게 한자를 가르치는 B선생님, 그리고 말없이 아이들 간식을 챙겨주는 선생님들, 그들이 있기에 생업을 위해 어머니들은 아이들을 방과 후 교실에 맡기고 늦게까지 일을 한다. 비난이 난무하는 세상, 살기가 힘들어도, 세상의 어미들은 힘든 줄도 모르고 일을 한다.

옛날부터 등 두드려 주는 어른이 계시면 우리 주부들은 힘든 줄도 모르고 일했다. 칭찬 한마디가 열 번의 꾸지람보다 훨씬 더 힘을 얻기에 칭찬은 고래도 춤추게 한다. 하지만 우리 사회는 칭찬에 인색하다. 아니 칭찬할 줄 모른다. 상대방 기분이 좋아질 때까지 인색하지 않게 마구 칭찬을 해 주면 좋을 텐데….

세상이 각박하고 분쟁과 알력다툼으로 혼란과 무질서와 부패가 소용돌이쳐도, 여전히 잘 돌아가고 있는 것은 말없이 제 맡은 일을 열의와 사명감을 가지고 일하고 있는 사람들 덕분이다. 자기를 위해 살지 않고 이웃을 위해 사는 그들은 참된 사랑의 힘이 세상을 살릴 수 있다고 믿는다. 믿음과 용기로 힘든 일을 행하며 살아간다. 믿음에는 인내와 기다림, 그리고 마땅히 열매가 있음을 안다.

부메랑같이 생긴 단풍나무 씨앗들은 마지막 생명을 위해 흩어져 날리고, 타는 듯이 붉게 물든 아기 손 같은 잎들이 하나씩 떨어진다. 내년 봄 단풍나무 하나 언 땅을 뚫고 싹을 틔워 뿌리를 내릴 것이고, 줄 장미는 여전히 지천으로 꽃들을 피워낼 것이다.

언젠가 A가 그린 <가족> 그림 속에서 형과 손잡은 A가 웃고 있을 것이다. 앞집의 수탉이 "꼬끼오." 하며 새벽을 알린다. 흐린 날씨에도 검은 구름 위에는 밝은 태양이 빛나고 있듯이 가만히 기다린다. 밝고 따뜻한 아침이 올 때까지.

내 생의 가장 긴 밤

살다 보면 다시는 생각하기도 싫은 그런 일들이 있다. 머릿속 저 구석에서 지워버리고 싶은, 그 일은 십수 년 전 일이지만 아직도 생각하면 얼굴이 화끈거린다.

전원주택을 꿈꾸며 과천 변두리에 주택을 짓고 살던 때 집 주변에 아직도 그린벨트로 묶인 땅들이 많았다. 어느 날 오이밭이었던 집 앞 공터에 비닐하우스를 설치하더니 화원이 생겼다. 그 후 철 따라 각종 식물을 키워서 가게로 실어 나르느라 트럭이 며칠에 한 번씩 드나들곤 했다.

가끔 하우스 문이 열리면 나는 그곳에 들어가 아름답게 꽃을 피우고 있는 식물들을 보고 즐거워했으며 주인 남자에게 식물의 이름을 묻기도 하고 그 향기에 취하곤 했다. 삼십 중반을 넘어 보이는 젊은 부부는 여자는 친절해 보였지만 남자는 눈이 부리부리한 게 성질이 있어 보였다. 그렇게 한 이 년을 오가며 인사도 나누며 잘 지냈다. 그러던 어느 날 외출하고 돌아오는 길에 앞집에 사는 아주머니를 만났다. 사건은 그렇게 벌어졌다.

"저 있잖아. 이 비닐하우스 꽃집이 이사 간다고 집주인이 필요한 나무 있으면 가져가라고 하네. 아줌마도 필요한 것 있으면 가져가요. 쓸 만한 것들이 아직 많이 있어, 그냥 버리기에는 아깝잖아…."

"그래요? 고맙습니다. 알려주셔서."

나는 아무 의심도 없이 그 말을 믿었고 고마워하며 인사를 나누었다.

혼자서 화분을 옮기기가 힘에 부칠 것 같아 퇴근하고 들어온 남편을 앞세우고 부랴부랴 하우스로 가보니 앞집, 옆집 아주머니들이 다 가져가고 하우스는 거의 비어 있었다. 우리는 빨리 몰랐던 것을 안타까워하면서 이것저것 골라 집으로 옮겼다. 빈 화분 몇 개, 화분 밑받침 서너 개, 그리고 작은 소철나무 한 그루, 홍콩야자나무 한 그루, 이름을 알 수 없는 자잘한 꽃들을 가져왔다. 그런데 구석진 곳에서 강아지 네 마리가 꼼지락거리고 있었다. 개를 싫어하는 나는 그냥 지나쳤지만, 남편은 자꾸 한 마리를 가져가자고 한다. 나는 강아지를 버리고 갈 리 없으니 그냥 가자고 했지만, 그날따라 남편은 예쁜 강아지에 눈이 멀어 욕심을 부리며 한 마리를 안고 왔다.

그 다음 날 모임이 있어 외출하고 돌아와 저녁 준비를 하고 있는데 파출소 순경이 찾아왔다.

"저 앞집에서 도난신고가 들어 왔는데요. 잠시 파출소까지 가셔야 하겠는데요."

"무슨 일이죠?"

영문을 모른 채 나는 순진무구한 얼굴로 웃으며 물었다.

"도난신고요?"

직장에 있는 남편을 부를 수도 없고 그렇게 나는 파출소로 연행되었다. 조사를 받고 억울하다고 이야기를 했지만, 일단 신고가 들어온 이상 어쩔 수 없으니 합의를 해야만 사건이 종료된다는 것이다. 사건은 벌어졌고 꼼짝없이 도둑으로 몰려 조서를 꾸미고 기다려야 했다. 앞집 아주머니를 불러 사건의 개요를 물어보라고 이야기해도 소용이 없었고, 그 아주머니는 자신도 다칠 것 같은지 모르는 일이라고 말했다고 한다.

사색이 된 친정어머니와 남편이 달려와서 손이 발이 되도록 빌었지만, 화원 남자는 막무가내로 합의금 이백만 원을 내라는 것이다. 땅이 팔려 화원을 옮기게 되어 손해가 막심한데 강아지와 화분을 훔쳐갔으니 당연히 물어내라는 것이다. 당시 이백만 원은 큰돈이라 그 저녁에 현금도 없었고 막무가내로 소리 지르며 욕을 하며 억지를 부리는데 감당할 수 없었다. 그래서 그날 밤 10시까지 합의를 못 했고 나는 경찰서로 넘어갔다.

형사들은 어이없이 들어온 나를 보고 웃었다.

"빨리 합의하고 나가세요. 어쩔 수 없습니다. 막무가내로 덤비는 사람들한테는 못 당해요."

그날 나는 사람들의 이기심과 욕심 그리고 상대적 빈곤감으로 인한 무차별적인 적대감으로 한 인간이 이렇게 어이없이 무너질 수도 있다는 사실에 치밀어오는 분노와 억울함에 내내 '어이없어.'란 말만 되뇌었다. 그리고 이웃집 아주머니와 남편이 어찌나 야속하고 미운지 원망하는 마음과 섭섭함에 뱃속마저 편치 않았다.

그러다 새벽에 화장실에 갔다. 그런데 경찰서 화장실 벽에 쓰인 "욕심이 잉태한 즉 죄를 낳고 죄가 장성한 즉 사망을 낳으리라."란 문구를 보자마자 그때까지 목울대까지 차있던 억울하던 감정은 다 사라지고 너무 부끄러워 얼굴을 들 수 없었다. 나의 알량한 자존심과 오만함으로 그동안 알게 모르게 지은 나의 죄를 생각하니 가슴까지 차오르는 부끄러움과 슬픔에 쏟아지는 눈물을 어찌할 수 없었다.

과연 나는 그동안 떳떳하고 깨끗하게 살아왔을까. 어쩔 수 없이 시간을 훔치고, 약속을 훔치고, 부모님을 속이고, 아이들한테도 거짓말을 하고, 주위 사람들에게도 선의의 거짓말과 나 자신을 속이고… 셀 수도 없었다. 나는 분명 도둑이었다.

울고 있는 나를 보며 형사들은 "아줌마, 뭘 그렇게 울어요. 미친개한테 물렸다고 생각해요. 아침에 나갈 수 있으니까 걱정하지 마세요." 하고 나를 위로한답시고 던지는 그 말조차도 민망하고 부끄러워 계속 울 수밖에 없었다.

창피하지만 나는 법조계에 있는 남동생을 불러 도움을 청했고, 50만 원에 합의하고 불기소 처분을 받았다.

다음 날 아침 남편은 아이들을 등교시킨다고 못 오고, 혼자 경찰서 문을 나서는데 머리 위로 반짝 빛나는 태양 빛이 새삼 달리 보였다. 터덜거리는 내 걸음조차 부끄러웠다. 나는 그 사건으로 언제나 알게 모르게 짓는 죄에 대한 생각과 욕심에 대해 늘 경계한다.

사람들의 일생이 한순간의 입김일 뿐이고 환영이고 신기루일 뿐이라는데, 우리들은 언제나 그 속에서 허우적거린다. 인생은 맑고 고요한 날보다 그렇지 않은 날들이 더 많다. 그러한 때 등대처럼 꺼지지 않는 불빛으로 나를 인도하는 것이 있다. 그것은 나의 삶에 대한 의지이고 결심이다. 그 사건은 내 머릿속에서 망각의 도움으로 잊힐 수 있었지만, 마음의 상처는 한참 후에야 치유될 수 있었다.

어느 멋진 가을날에

어머니 기억나세요? 제가 처음 인사드리러 갔을 때 만둣국과 묵무침 그리고 시금치나물, 깍두기, 이렇게 조촐하고 소박한 밥상으로 저를 맞아 주신 거, 어머니 특유의 손맛으로 빚은 그 만둣국은 제가 먹어본 만두 중에 가장 맛있었어요. 저희 친정은 경상도 집안이라 만두소에 김치를 넣고 하는데 어머니는 배추를 삶아 넣어 깨끗하고 담백한 만두를 만들어 주었어요. 그리고 생새우를 넣어 잘 익은 시원한 깍두기도 처음 먹어본 맛이었지요. 맏며느리로는 많이 부족한 저에게 어머니는 참 많은 사랑을 주셨습니다. “곱게 자란 네가 넉넉지 못한 집으로 시집을 오게 되었으니 미안하구나. 그래도 받을 복이 있으면 잘 산다. 걱정하지 마라.” 하며 등을 두드려 주었지요. 덕분에 저는 시집와서 어머니에게 많은 것을 배웠습니다.

어머니는 강화도 출신의 섬사람답게 음식 솜씨가 뛰어나지는 않아도 떡과 묵을 잘 만드셨어요. 콩가루를 무쳐 만든 인절미와 송편을 특히 잘 만드셨어요. 어머니가 만든 송편은 정말 예뻐서 제가 만든 것과 너무 비교되었어요. 그리고 도토리를 주워 와서 몇 번씩 물을 우려내고 가루를 만들어 묵을 쑤는 모습은 마치 수행하는 구도자의 모습 같았어요. 성미가 급한 저에게 늘 "서두르지 마라. 천천히 천천히 저어라. 빨리 젓는다고 되는 것이 아니다." 하시며 저의 성정을 다스려 주었지요. 고통과 인내 속에 피어난 꽃처럼 말갛게 쑤어진 묵을 보고 있으면 어머니의 손이 마술을 부린 것 같았어요. 무심하게 보아 넘긴 묵 한 덩어리에 그렇게 많은 손길이 가야 만들어진다는 사실을 처음 알았어요. 시댁식구들이 모두 묵을 좋아해서 어머니는 그 힘든 작업을 자주 하셨지요. 친정어머니와 달리 조용히 집안에서 살림만 하시는 어머니를 처음에는 무능하다고 생각했지만, 세월이 흐른 후에야 어머니의 사랑과 인내로 집안은 평화롭고 자식들은 모두 제자리를 찾아가는 것을 배웠습니다.

"아무리 다그쳐도 공부 못할 놈은 안 한다. 야단하지 마라. 다 잘 될 거다." 아이들을 나무라는 저를 말리며 손주들을 귀히 여기시던 어머니. 그래요. 이제는 그 손주가 장가를 갈 나이가 되었답니다. "우리 상아들 어서 좋은 색시 얻어 장가들어야 될 텐데, 그래야 내가 눈을 감지…." 지난 설날 세배를 받으시며 덕담을 해 주시던 모습이 눈에 선한데 이제는 오늘인지 내일인지 때도 모르고, 무엇을 먹었는지도 모르고, 기저귀를 차고 계신 어머니를 생각하니 알츠하이머란 병마에 무너진 어머니의 모습이 정말 기가 막힙니다.

팔십팔 년의 세월 동안 꿋꿋이 잘 버티셨는데 마지막에 이렇게 될 줄 누가 상상이나 했을까요. 자식에게 짐이 되기 싫다고 늘 우리 걱정은 말라고 하시던 어머니가 잠깐씩 정신이 돌아오면 자신의 신세가 한탄스럽다며 죽고 싶다고 우울해하시던 어머니를 우리들은 부담스러워했지요. 자식이 다섯이나 되면서도 요즘 세태라며 불효를 정당화시키며, 우리들은 어머니를 요양원으로 모시기로 하였습니다.

어제 막내 고모의 전화를 받고 밤새 걱정으로 잠을 설쳤습니다. 집에 가겠다며 계속 떼를 쓰면 어쩌나 걱정하며 요양원 문을 들어서는데, 외출 준비를 하고 우리를 기다리고 있는 모습은 엄마를 기다리고 있는 아이처럼 설렘으로 들떠 보였습니다. 점심 먹는 내내 "어미야, 이거 맛있구나. 너도 먹어라." 하다가 또 새우를 맛나게 드시면서 '이거 비싼 것 아니냐?' 며 걱정을 하면서 먹는 모습에 마음이 아팠습니다. 그러다가

요양소의 다른 할머니들 흉을 보며 간식도 안 준다고 나에게 고자질하는 모습은 영락없는 아이의 모습입니다. 집에 누워 계시다가 "어머니 떡 사왔어요." 하면 금방 반색을 하시며 좋아하던 모습이 생각납니다. 그러다가도 너무 많이 드시는 것 같아 그만 드시라고 하면 "내가 언제 먹었느냐. 나 안 먹었다." 하시던 어머니.

차창을 스쳐 지나가는 먼 산의 나무들과 길가의 풀들이 불볕더위 속에서 시들시들해 보입니다. 연일 30도가 넘는 무더위 속에서 조금만 움직여도 땀이 줄줄 흘러 눈 속을 파고들어 따가운데 눈물까지 흐르니 울고 있는 내 모습이 참담합니다. 아무 말 없이 운전을 하고 있는 남편도 심기가 편치가 않은가 봅니다. "잘 가라. 먼 데서 자주 올 것 없다." 손사래 치시는 어머니 모습이 어른거려 가슴이 먹먹합니다. 다행히도 그날은 정신이 말짱하시어 우리를 걱정하며 어서 가라고 하는 어머니의 손을 놓고, 매정하게 마음을 먹고 요양원을 떠났습니다.

어머니 용서하세요. 두고 오는 발걸음이 떨어지지 않았습니다. 그러나 저의 어쩔 수 없는 한계와 이기심으로 마음을 다잡고 뒤를 보지 않고 발걸음을 종종거렸습니다. '현대판 고려장이야, 어머니를 버린 거야.' '아니야. 집에 계신 것보다 더 잘 된 거야. 친구들도 사귀고 전문요양원이니까 편하게 모실 거야.' 마음 한구석에서 들려오는 소리를 애써 부정하며 흐르는 눈물을 닦아보지만, 저의 불경스런 마음마저 씻을 수는 없었습니다.

강물이 흐르듯 사랑은 내리사랑이지 치사랑은 어려운가 봅니다. 마지막까지 어머니를 모시지 못한 이 맏며느리를 어머니의 큰 사랑으로 용서해 주세요.

매일 새벽기도를 올립니다. '저의 죄를 용서해 주시고 우리 어머니 순명하실 수 있도록 도와주세요. 어머니 좋아하시는 어느 멋진 가을날 주무시다가 고통 없이 데려가세요.' 벌써 어디선가 한줄기 시원한 바람이 붑니다. 입추가 다가옵니다.

빛나는 햇살에 오곡백과는 무르익고 자연의 순리대로 하나의 생명이 넘어진 곳에 또 하나의 생명은 탄생합니다. 생명의 순환을 믿으며 천천히 천천히 어머니를 마음에서 보냅니다.

3.
그리운 사람을 만나다

언제나 그리워하며 애틋해하며 살았던 기억을 떠올리면, 지금도 가슴이 따뜻해진다. 할아버지를 생각하면 입가에 슬며시 웃음이 지어지며, 내 일생에 가장 행복한 순간들이 아니었을까 하는 생각을 하게 된다.

사라지는 별들

왕가의 골짜기를 찾아서

그리운 사람을 만나다

항수와 인생

안개비 속의 파리

밀포드사운드의 공연

소금과 설탕

일어나! 일어나!

과천에도 비가 오나요?

그곳에 살고 싶다

사라지는 별들

어릴 적부터 나는 밖에서 노는 것보다 방에서 책 읽는 것을 더 좋아했다. 사람들은 밤하늘의 별을 보며 별처럼 빛나는 사람이 되어야지 하는 막연한 꿈을 꾼다. 하지만 나는 책 속의 주인공들을 보며 꿈을 키웠다. 이제 세월 가는 것을 몸이 먼저 아는 나이가 되고 보니, 책 보는 것이 점점 부담스러워진다. 그러다 이번에 읽은 책이 《골드바흐의 추측》이란 수학과 수학자들의 이야기다.

옛날부터 수학 문제 중에 미해결된 것이 3가지가 있다고 한다. '페르마의 마지막 정리', '리만의 가설', '골드바흐의 추측'이 그것이다. '2보다 큰 모든 짝수는 두 소수의 합이다.'라는 것을 증명하기 위해 노력한, 스위스의 수학자 골드바흐(1690-1764)는 평생 수학을 연구한 사람이다. 그는 정수론의 발전에 지대한 공헌을 했지만 이 문제만은 풀지 못했다. 그 후 현대의 수학자들이 계속 연구하여 페르마의 정리와 리만의 가설은 풀었지만, 골드바흐의 추측은 아직도 증명되지 않고 있다.

이 소설은 천재 수학자 '페트로스'가 자신의 이름을 걸고 골드바흐의 추측을 증명하기 위해 일생을 보내는 이야기다. 명예라는 덫에 걸려 허우적거리다가 시운(時運)만을 탓하며 사라지는 많은 사람처럼, 안타까운 이야기다. 그는 '걸어 다니는 비극'이라고까지 말하는 세간의 비난과 질시에도, 수학만을 연구하며 일상을 체스(서양장기)를 두며 칩거한다.

모든 사물에 이름이 있듯이 모든 수는 특유의 본질과 형이상학적인 의미를 지니고 있다고 한다. 고대 서양의 철학자들은 "우주는 순수 수학과 동형이며, 만물의 본질을 찾기 위해 수학을 공부하는 것이고, 수학은 철학이며 곧 진리다."라고 말한다. 그리하여 '참과 거짓'을 판별하는 데는 절대적 지침이 있다고 믿었으며, 모든 사물을 숫자로 증명하기 시작한다. 그래서 수(數)를 신성(神性)과 지상(地上)의 매개체로 보고, "신은 홀수에서 기쁨을 느끼신다."고 믿었다.

그러나 절대적 진리에 다가가는 것이 위험한 일이었는지 수많은 수학자가 새로운 법칙을 연구하다 정신 병원으로 가거나 요절했다고 한다. 수학에는 신비와 마법적인 요소가 있다고 믿은, '파스칼'과 '뉴턴'은 신학을 위해 수학을 저버리기도 하였다.

"진정한 수학자는 만들어지는 것이 아니라 태어나는 것이다."라고 한다. 심지어 그들은 중대한 이론을 이해하고 깨닫게 되는 과정을 진리와 아름다움의 조화라며 수학자에게만 허용되는 즐거움이라고까지 말한다.

나는 학교 다닐 적에 그런대로 공부를 좀 하는 편이었지만, 수학만은 자신이 없어, 궁리 끝에 문제와 답을 외워 시험을 치르곤 했다. 그러다 응용문제가 나오면 틀리곤 했다. 일반적으로 수학은 사물의 질량을 계산하거나, 측정하는 수단과 방법으로 생각한다. 나 또한 사람이 살아가는 데 필요한 수학적 지식이란, 구구단 정도와 연산법 정도로 생각했다.

이 책을 본 후 나는 수학의 의미를 다시 생각하게 되었다. 밤하늘의 별을 보며 꿈을 꾸는 사람들의 모습과 주인공 '페트로스'처럼 지금도 수학문제를 풀고 있는 남편이 생각났다.

남편은 전자공학을 전공하고, 직장에서 사원들을 연수시키는 사람이다. 그는 수학에 관해 특별히 자긍심을 가진 사람으로 반평생을 오로지 공부만을 하고 있다. 그는 대학에서 공부를 계속하라는 교수의 권유를 뿌리치고 회사에 입사했다. 그러나 학교에서 일등은 사회에서 꼴찌라는 말이 있듯이, 그는 수많은 시행착오를 거듭했고, 나중에는 직장에서 한직인 연수원으로 밀려나고 말았다. 그는 일생 공부라는 한 길만을 걸었고, 사람들을 연수시켰고 내년이면 정년을 맞이한다. 요즈음 같이 한 걸음 앞서가는 시대에, 한 가지 일에 목숨을 걸고 머무적거리고 있으면, 미련한 사람이거나, 아니면 과대망상의 정신병자로 따돌림을 당하기 쉽다.

우리는 수많은 천재와 각자의 분야에서 성공한 사람들을 부러워한다. 특히 물질 만능인 이 시대에서 '스타'란 말할 수 없는 찬사와 각광의 주인공이 된다. 그래서 요즘 젊은 세대들은 스타가 되기 위해, 온힘을 바치며 기를 쓰지만, 노력대로 되는 것은 아니다. 수없이 많은 별 중에서 가장 크고 빛나는 별만이 최고가 된다. 하지만 사라지는 별들과 이름 없는 별들이 모여 성운(星雲)을 이루듯이, 그 성운이 은하수를 만들어 밤하늘이 더 아름답다.

한 가지 목표를 향해 매진하는 '페트로스'가 지금 아름다워 보이는 것은 인생의 후반기에 들어선 내 나이 때문인지도 모르겠다. 그동안 나 역시 꿈을 잃어버리고, 내 육친들에게 실패의 고통을 겪을 때마다 적당히 타협하기를 종용했다. 특히 남편이 세상과 타협하기를 거부하고 고집을 부릴 때는 남편의 삶의 방식에 대해 무능하다고 생각한 적도 있었다. 그러나 같이 살아온 지 삼십 년이 다가오는 이 나이가 되고 보니, 남편의 미련스럽고 소박한 삶이 오히려 대견하다. 얽매이지 않고 자기 방식대로 삶을 건강하게 살아온 것에 더 바랄 것이 없다.

그동안 내가 책 속에서 막연한 꿈을 꾸었듯이 허상에 눈이 가려 사리분별을 못 할 때가 있었다. 다양한 지식보다는 지혜가, 허명(虛名)보다는 진실이 중요하다는 것을 알게 된 이즈음, 일생에 목숨을 걸고 묵묵히 자기 길을 걸어온 사람들이 아름다워 보인다.

책 속의 '페트로스'는 체스대회에 나가 우승을 해보라는 조카의 말에 이렇게 대답한다. "최고의 아마추어로 남을 수 있는데 무엇 때문에 평범한 전문가가 되겠니? 사람들은 각자 저마다의 분야가 있는 법이다. 체스는 내 영역이 아니야 내 영역은 오직 수학뿐이다."라고 말한다.

어제 한 차례 비가 오더니 날씨가 한결 시원해졌다 시원한 솔바람에 축축 늘어졌던 나무들이 생기를 띠고, 하늘빛도 맑아졌다. 오늘 밤에는 별들이 더욱 빛날 것이다.

왕가의 골짜기를 찾아서

내가 투탕카멘의 황금마스크를 처음 본 것은 벌써 십수 년 전의 일이다. 남편의 출장 가방에서 그 사진을 보았을 때 나는 그 사진 속의 주인공이 남자인지 여자인지조차 알 수 없었다. 남편은 인류 역사상 가장 큰 보물이 발견된 것이라며 그것을 보고 온 것에 대해 장황한 설명을 해주었지만 나는 건성으로 들었다. 그리고 몇 해 뒤 내가 영국에 갔을 때 대영박물관에서 그것을 보면서도 대단하다고는 느꼈지만, 워낙 많은 것을 보다 보니 곧 잊어버렸다.

삼십 년 근속기념으로 열흘 동안의 휴가를 받았으니, 남편이 이집트 여행을 가자고 했을 때 나는 내키지 않았다. 지난 가을부터 앓아온 감기가 기관지염이 되고 갱년기 나이 탓인지 건강 상태가 계속 좋지 않아 먼 길 나서기가 겁이 났고,

더구나 설을 앞두고 떠난다는 것도 내키지 않았다. 하지만 남편이 원하니 할 수 없이 따라 나섰다.

카이로를 향해 날아가는 비행기 안에서 나는 한숨도 잘 수가 없었다. 아직도 기침은 나를 괴롭히고 있었고 여러 나라 여행사의 관광객들로 가득 찬 비행기에는 여유 좌석이 없어 갑갑했다. 남편은 몇 년 전부터 기대하던 휴가여행이라 그런지 기분이 들떠 있었고, 옆자리에 앉은 다른 여행사 직원과 신 나게 이야기를 하고 있다. 나는 열흘 동안의 숨 가쁜 여행 일정을 생각하니 더욱 가슴이 답답해 왔다.

이른 새벽 카이로 공항에 도착하니. 매캐한 매연 냄새가 코를 찌른다. 회색빛으로 가득 찬 뿌연 하늘과 전체적으로 암울해 보이는 도시와 생각했던 것보다 추운 날씨가 더욱 사람을 움츠러들게 한다. 사회주의 국가답게 모든 것은 통제되어 있고 테러사건 이후로 관광객들도 경찰의 에스코트가 있어야 움직일 수 있었다.

여행이 성공적으로 되려면 날씨와 가이드와 운전기사 이렇게 삼박자가 맞아야 한다고 하는데 벌써 날씨부터가 이상하다. 더구나 현지 가이드라는 50대 중반인 오 여사의 쉰 목소리를 듣는 순간 여행이 순탄하지 않을 것이란 예감이 스쳤다. 빡빡한 일정 탓에 관광은 쉴 틈도 없이 바로 시작되었다. 여행 내내 오 여사의 목소리는 피곤한 우리 일행을 괴롭혔다. 여행은 그렇게 고행의 연속이었다.

이집트 지도를 보면 남북으로 길게 펼쳐진 나일 강 줄기는 보기만 해도 지리멸렬한 것이 답답해 보인다. 하지만 카이로를 중심으로 꽃 모양을 하고 있는 삼각주 윗부분은 가이드의 설명을 듣고 보니 정말 연꽃처럼 보인다. 태양신을 숭배하던 그들은 태양을 상징하는 연꽃을 신성시하여 국화(國花)로 정했으며, 파피루스와 함께 신에게 바쳐지는 꽃이라고 한다. 가는 곳마다 유물이나 벽화 곳곳에 연꽃 든 여인들의 모습이 보인다.

인간이 살아가는 데 필요한 의·식·주를 해결하기 위해 강가에 모여 살다 보니 도시가 형성되고 문명이 발생하였다는데, 사막을 가로 지르며 흐르고 있는 나일 강은 '나일 강의 기적'이라는 말답게 대단해 보였다. 하지만 카이로시를 흐르고 있는 나일강은 서울의 한강보다 작아 보였다.

나일 강을 따라 스쳐 지나가는 이국적인 풍경들이 거리 곳곳에 보였지만 꼬박 하루와 반나절을 자지 못한 내 눈에는 힘들기만 하고 잘 들어오지 않았다.

가장 크다는 기자 지방의 거대한 피라미드와 스핑크스를 보니 그들의 천문학, 기하학, 건축학적 지식에 놀라움을 금치

못했다. 그래도 오 여사의 남편이 경영하는 한식당에 가서 점심밥을 먹고 나서야 나는 조금 정신을 차릴 수 있었다.

시내에 있는 고고학박물관으로 이동하면서 이집트 역사와 배경 그리고 투탕카멘에 대한 설명을 듣고서야 새삼스레 나는 그 어린 왕을 십수 년 만에 가슴으로 만났다

투탕카멘은 기원전 1361년, 아홉 살에 왕이 되어 열여덟에 죽은 소년 왕이다. 그는 숨은 신의 살아있는 상징이다. 그는 정말 아름다웠다. 발견된 당시 그의 얼굴에는 수정과 유리를 박은 황금마스크가 씌워져 있고, 목과 가슴 위에는 그의 어린 왕비 안케스나문이 바친 백합과 국화와 연꽃의 꽃다발이 놓여 있었다. 그 꽃들은 무덤 속에서 3,300년을 보냈지만 희미한 색조를 띠고 있었다고 한다. 한 다발의 꽃묶음이 삼천 년이라는 세월을 옛날과 오늘을 하나로 묶어주고 있었다.

나는 어린 왕비의 사랑이 가슴에 저며 들었다. 몇 년을 같이 살았는지는 모르겠지만 애달픈 마음으로 꽃을 바쳤을 것을 생각하니 새삼 가슴이 미어져 왔다. 사랑이란 영원하며 아름답다. 몇천 년이 지난 오늘 내 가슴에도 알 수 없는 파문을 일으키고 있었다.

황금 옥좌, 황금 장의자, 거대한 황금으로 되어있는 몇 겹의 관, 그 속에 소장된 수많은 보석과 보화들. 구경하는 우리

들도 이렇게 감탄스러운데 그것을 처음 발견한 영국인 하워드 카터의 심정이란 이루 말할 수 없었을 것이다. 그동안 이 투탕카멘에 대한 이야기는 수많은 책자와 영화로 많이 알려져 왔지만, 이곳에 와서 직접 보니, 십수 년을 이 왕의 무덤을 발견하기 위해 일생을 바친 고고학자 카터와 발굴자금을 대어준 카나본 백작이 새삼 위대하다는 생각이 들었다. 후일담을 들으니 무슨 일에 성공하려면 대가를 치러야 하듯이, 그들도 순탄하지 않은 삶을 살았다고 한다. 그들의 이집트에 대한 진정한 사랑과 수고가 있었기에, 후세에 우리들은 이렇게 편안하게 구경을 할 수 있게 되었다.

우리는 무덤이 발견되었다는 나일 강 중류의 룩소르 지방 서쪽에 있는 왕가의 골짜기로 날아갔다. 이집트 여행의 백미(白眉)라는 가이드의 말대로 룩소르는 대단한 곳이었다. 기원전 2천 년에서 천 년 사이에 이집트를 다스렸던 파라오들의 무덤들과 장인들의 무덤들이, 가득 찬 골짜기는 사막 속의 거대한 바위산이다. 아직도 이곳에서는 조개화석이 심심찮게 발견된다며, 조개화석을 보여 주는데 그것을 보니 새삼 세월의 흔적을 알 수 있었다.

그 당시 파라오들은 곧 신이었으며 그들은 자신들이 죽은 후에도 영혼은 영원히 산다고 믿었으므로, 10, 20년씩 걸려 엄청난 힘을 들여 피라미드를 만들었다고 한다. 왕들은 또 영혼이 다시 찾아들게 하려고, 주검을 썩지 않게 미라로 만들었으며 영혼이 타고 간다는 배를 만들었다. 당시 모든 것을 비밀로 감추기 위해 일을 했던 인부들을 모두 죽였다고 한다. 하지만 이 모든 것은 발굴되어 만천하에 공개되었다. 눈앞에 보이는 모든 것은 거대하고 신비했지만, 한편으로는 허망하고 무참해 보였다.

샤토부리앙이라는 프랑스 작가는 이 골짜기를 보고 "인간은 자기 존재에 대한 허무감으로는 도저히 이러한 무덤을 세워 올릴 수 없다. 자신의 불멸성에 대한 본능적인 믿음 없이는 이런 일이 불가능하다. 이 무덤은 결코 한 생애의 종말을 알리는 경계가 아니라, 끝없는 삶으로의 입문을 표시하는 경계다. 즉 영원으로 통하는 문이다."라고 말했다고 한다. 나 역시 지하 무덤 곳곳을 보고나니, 시간 저편 영원한 세상에 다녀온 듯했다.

야경의 불빛에 신비함을 더하는 룩소르 신전과 마치 내가 소인국의 사람처럼 느껴지는 카르나크 신전의 거대한 기둥들과 유일한 여왕의 신전인 하트셉수트 장제전 등. 나는 지혜의 여신상 앞에서 사진을 찍으며 세상을 잘 살아갈 수 있는 지혜를 달라고 간구했다.

룻소르에서 돌아오는 길에 차창 밖으로 보았던 저녁노을의 화려하고 장엄한 풍경은 얼마나 아름답고 신비하던지, 우리 부부는 "아하~." 하는 감탄사를 연속적으로 연발하며 입을 다물지 못했다. 남편과 나는 손을 꼭 잡으며, 황혼의 아름다움을 우리가 처음 맹세했던 사랑처럼 가슴 깊이 맞아들였다.

역사의 아이러니는 거대한 문명도 여러 번의 침입으로, 위대한 유물들이 약탈자들에게 파손되어 동상들의 코는 하나도 없었고, 유물 관리가 제대로 되고 있지 않아 허물어지고 있었다. 하지만 그들의 정신만은 살아있어 세계 4대 문명의 발상지답게 벽화에 새겨진 그들의 문자와 그림들을 보고 있자니, 그들의 화려했던 생활상과 현존의 모습이 교차하면서 가슴이 뭉클해졌다.

이집트는 무질서해 보이지만 질서가 있는 나라라고 한다. 수도인 카이로에는 차선이 없어서인지 교통체증은 대단했고, 채소를 실은 나귀와 벤츠가 같이 뒤엉켜 다니고 있다. 새로움과 옛것이, 탄생과 죽음이, 모캇뜸(무덤 지역)과 아파트가 공존하는 도시다. 어수선해 보이지만 그것은 모두 신의 뜻이고 모든 것이 '인샬라' 신의 뜻대로 안 되는 것도 되는 것도 없는 곳이다. 우리는 몇 시간이나 연착된 비행기를 기다리면서 시골 간이역 같은 룩소르의 공항에서, 밤늦도록 내내 "인샬라,

인샬라.”를 들어야만 했다.

정신없이 여행을 마치고 돌아오는 비행기에서 멀어져가는 사하라 사막을 내려다보니, 눈망울만 큰 아이들과 갓난아이를 안은 아낙네들, 거리의 빵장수들, 물담배를 피우고 있는 할아버지들이 보인다. 사탕수수를 싣고 가던 협궤 열차가 석양에 발갛게 물든 하늘과 함께, 한 폭의 그림으로 내 가슴에 남아 있다.

그곳은 세월을 초월한 듯한, 세상에 둘도 없는 지혜를 줄 것 같은 신비로움과 아름다움이 있었다. 또 이집트의 수많은 영혼이, 내 몸 안으로 들어와서 나의 영혼을 깨워, 나에게 새로운 감성을 불러일으키고 있었다. 10일 동안 터키, 그리스 이집트 삼국을 오가며, 8번이나 비행기를 갈아탔고, 홍해와 에게 해, 보스포루스 해협을 배로 건너느라, 몸은 힘들었지만, 정신만은 붕 떠 있어 시공간을 초월한 듯이 나는 날아다녔다. 그동안 잊고 살았던 사랑의 감정이 여행 내내 나를 들뜨게 했으며, 간병하느라고 애쓴 남편의 마음과 어린 왕비의 사랑으로 내 가슴은 붉은 석양빛으로 물들었다.

그리운 사람을 만나다

비가 와서 나는 오랜만에 비디오 가게에 들렀다. 남편이 영화를 좋아하지 않나 보니 혼자 영화를 보러 가기는 영 나서지지가 않는다. 그래서 보고 싶은 영화가 있어도 놓치기가 일쑤다. 내가 그 영화를 본 것은 그렇게 아주 우연이었다. 그 영화를 보고 나서 한참을 가만히 있었는데, 그것은 오래전에 돌아가신 외할아버지가 생각났기 때문이다.

"그렇게 과거는 어느 날 갑자기 제멋대로 우리에게 찾아온다. 과거가 우리를 어디로 이끌지는 아무도 모른다. 그저 자신도 가고 싶은 곳이기를 바랄 뿐이다."라는 대사를 자막으로 보며 나 자신도 과거 속으로 여행을 가고 있었다.

그 영화는 과거를 회상하며 누구나 일생에 한 번은 겪는 첫사랑과 평생 잊지 못할 사람을 만나게 한다. 누구나 마음속에 한 사람쯤은 일생 잊히지 않는 사람이 있다. 그 사람은 각자의 인생에 큰 영향을 주었을 수도 있고, 상처를 남겼을 수도 있지만, 누구나 가지고 있다. 우리는 살면서 많은 사람을 만나고 헤어지며, 그 속에서 기쁨과 고통을 겪으며 살아간다. 누구를 만나느냐에 따라 개개인의 인생은 달라진다. 그것이 운명적인 만남이든 필연적이든 간에 우리는 수많은 만남 속에서 살아간다.

외할아버지는 내가 열네 살 때 돌아가셨으니 벌써 사십 년이 되어 간다. 생각해보니 지금의 내 나이쯤에 돌아가셨다. 그러니 아스라한 기억 속에서도 한참을 더듬어야 한다. 하지만 지금도 비슷한 모습이나 음성만 들어도 생각나는 할아버지는, 내 기억 속에 언제나 따뜻한 웃음으로 나를 보듬고 계신다. 친정어머니는 외동딸로 남동생만 밑으로 넷을 두었다. 그러다 첫 손녀를 보니 할아버지의 외손녀 사랑은 대단하셨다. 외동딸에 대한 사랑이 그대로 손녀에게로 옮겨진 듯했다. 막내 외삼촌과 내 나이 차이가 일곱 살밖에 나지 않았으니, 할아버지의 사랑을 독차지하는 나를 시샘하는 막내 외삼촌과는 자잘한 것들로 종종 싸우기도 했다. 할아버지는 영화 속의 '앤서니 홉킨스'처럼 아이들의 마음을 읽을 줄 아는 분이었다. 공부를 많이 하지는 않았지만, 세상을 살아가는 이치와 사람의 도리를 아시는 분이었다. 그 당시 미곡상을 하는 외가에 내려가면, 집안 곳간에 가득 찬 곡식들을 보며 나는 할아버지가 부자인 줄 알았다. 할아버지는 방학 때 내가 내려가면 언제나 나를 자랑삼아 옆에 데리고 다니셨다. 그러면서 세상 사는 이야기를 많이 해 주시곤 했다.

서울에서의 학교생활이란 참 힘들었다. 중학교를 시험을 치르고 가야 했기에 초등학교 공부는 시험, 시험의 연속이었다. 더구나 공부 욕심이 많은 어머니의 꾸지람에 나는 늘 헤매고 있었고, 언제나 하나둘씩 시험문제를 틀려서 일등을 놓치곤 했다. 오 형제의 맏이인 나에게 막중한 책임감을 지우는 어머니가 야속하고 힘들었다. 그래서 방학이면 놀러 가던 외가만이 자유롭게 숨 쉴 수 있는 곳이었다. 덕분에 서울 깍쟁이인 나에게 아직도 조금은 남아있는 서정성은 다 외가 덕분이다. 집 근처 기차 역사에서 밤늦도록 반딧불이를 잡으며 놀았던 일, 외삼촌들과 시골아이처럼 까맣게 탄 얼굴로 메뚜기와 미꾸라지를 잡던 강가, 마당 우물가에서 할머니와 같이 설거지하며 장난치던 기억들, 할아버지 따라 시장을 돌아다니며 먹었던 맛있는 음식들이 생각난다. 시장 사람들 앞에서 노래를 시키며 나를 자랑하시던 할아버지의 멋스럽게 웃으시던 모습들, 그래서 지금도 외가는 영원히 꿈속의 나의 이상향이다.

그날 그렇게 <하트 인 아틀란티스>를 보았다. 사진작가인 주인공은 어느 날 식구들이 없는 빈집에서 소포 한 점을 받는다. 소포를 풀어보니 그것은 작은 야구 글러브 한 짝과 친구 '존 설리번' 소령의 부고 소식이었다. 그는 그 장갑을 보자마자 옛 여자친구 '캐롤'의 사진을 챙겨 들고 과거 속으로 여행을 간다.

다섯 살 때 아버지를 잃고 철없는 어머니와 외롭게 살고 있던 주인공 '바비'에게 어느 날 위층으로 이사 온 '테드 브로티건'이란 할아버지는 특별한 사람이었다. 매일 그 날이 그 날 같던 그 시절, 11살의 생일 선물로 자전거를 갖고 싶어 하는 바비에게, 신문을 읽어주면 용돈을 주겠다며 아이에게 희망을 준다. 엄마가 생일 선물로 준 도서관증의 용도를 일러주며 책의 즐거움을 이야기해 주며 아이와 친해진다. 하지만 테드는 특별한 능력을 가진 사람이었고 국가기관으로부터 쫓기는 사람이었다. 어머니의 신고로 할아버지는 잡혀가고 그 후 아이도 그곳을 떠나게 된다. 바비는 할아버지를 만나면서 상대방의 마음을 읽을 수 힘을 잠시 얻을 수 있었지만, 인생이란 잠시 스쳐 가는 풍경처럼 그곳을 떠나며 잃어버린다. 그러다 그 소포를 받고 다시 그곳에 가서 11살 때의 소중했던 추억과 만난다.

첫사랑 '캐롤'과의 입맞춤, 셋이서 계곡에서 물놀이하던 날들, 놀면서 우연히 말했던 "자신의 유물로 야구 장갑을 주기로 하노라." 하던 셜리의 말…. 그러나 이제 두 사람은 죽고 없었다. 마을은 폐허가 되고 자신이 살았던 빈집에서 11살의 생일날 아침 창문에 입김을 불어 11이라는 숫자를 쓰듯이, 인제 와서 11이라는 숫자를 써보지만, 시간은 속절없이 흘러 버렸다. 하지만 그곳에서 첫사랑 캐롤의 딸 '몰리'를 알 수 없는 어떤 운명처럼 만난다. 자신이 소중하게 간직했던 사진을 주며 어머니 이야기를 해준다. 할아버지 덕분에 아버지에 대한 생각이 긍정적으로 바뀌었듯이, 그리고 아버지 사진을 얻었던 것처럼, 캐롤의 딸에게도 "어머니는 용기 있는 분이었다."라고 말하며 사진을 준다.

영화 속의 아틀란티스 대륙은 끊임없이 논쟁이 되고 있는 전설 속의 이상향이다. 실제로 있었는지 아니면 바닷속에 묻혀있는지는 아무도 모른다. 이제는 찾을 수 없는 곳이기에 더욱 그리운지도 모른다.

모두 어릴 때는 막연히 행복한 삶을 살 것이며, 낙원에서 살게 될 것으로 생각하지만 살아가면서 잊어버린다. 그렇게 우리는 마음의 소리를 듣지 못하고, 현실만을 생각하다 꿈도 이상향도 잃어버리고 살고 있다. 하지만 누구나 이상향을 가지고 있을 것이다. 우리가 이상향을 그리워하는 것은 이상향은 변하지 않을 것이라는 믿음 때문이다. 영화 대사 중에 "시간은 사람을 기다려 주지 않는다. 우리는 다 시간의 포로다." 라는 말이 나온다. 이렇게 속절없이 살다 보면 시간은 흘러, 잊지 말아야 할 것도 잊어버리며 살아간다.

초등학교 시절을 든든한 내 편이 되어주던 외할아버지와 나는 친구처럼 지냈다. 언제나 그리워하며 애틋해 하며 살았던 기억을 떠올리면, 지금도 가슴이 따뜻해진다. 할아버지를 생각하면 입가에 슬며시 웃음이 지어지며, 내 일생에 가장 행복한 순간들이 아니었을까 하는 생각을 하게 된다.

우리는 영화를 보면서 시공을 초월하여, 잠시 과거로 가기도 하고 미래를 다녀오기도 한다. 그리고 잊혔던 그리운 사람을 뜻밖에 만나게 된다.

그 날 그 영화를 보며 나는 잠시 남도 외가로 여행을 갔으며, 지나가는 바람처럼, 창밖에 내리는 비처럼, 흔들리고 있었다.

향수와 인생

세상에는 많은 냄새가 존재한다. 모든 사물은 그 고유의 냄새가 있다. 그 냄새는 우리가 느끼기에 좋을 수도 있고 역겨울 수도 있다. 또 각자 기호에 따라 느끼는 점이 다를 수도 있다. 그러나 대부분 무엇이 썩는 냄새는 다들 싫어한다. 간혹 길을 가다 훅하고 풍기는 고약한 냄새에 고개를 돌려도, 냄새란 놈은 우리의 호흡을 타고 스며들어와 어쩔 수 없이 맡게 된다. 특히 코가 예민한 나는 괴로울 때가 많다. 싱그러운 봄의 꽃향기나, 스쳐 지나가는 젊은 아가씨들이 풍기는 상큼한 냄새는 우리를 잠시 행복하게도 한다.

사람들에게는 그 사람만의 체취가 있다. 특히 사랑하게 되면 상대방의 냄새가 좋아 서로를 탐닉하기도 한다. 그리하여 물이 귀한 지역에서 청결하지 못한 몸의 체취를 감추기 위해 향수가 발명되었다고 한다.

얼마 전 '파트리크 쥐스킨트'의 《향수》를 읽었다. '어느 살인자의 이야기'라는 부제가 붙은 소설이다. 냄새에 관해 천부적인 능력을 타고난 주인공 '그르누이'가 사람들의 사랑을 획득할 수 있는 향수를 만들기 위해, 25명의 소녀를 살해한다는 괴이하면서도 흥미로운 소설이다. 소설 속의 18세기 프랑스 파리의 사회상과 배경 설명에서, 향수가 만들어지는 과정과 풍부하고 다양한 향기에 대한 묘사가 아주 이채롭고 흥미로웠다. 사생아로 버려져 자신은 아무런 체취도 없으면서, 세상의 모든 냄새를 소유하고 지배하고자 하는 그의 처절한 몸부림이 공감되기도 했으나, 살인까지 한다는 것은 안타까웠다.

크리스챤 디오르는 "향수란 하나의 감정이며 기쁨이다. 특히 한 시대를 풍미하는 향수란 집단 무의식과 기억을 일깨워 주는 비밀의 열쇠다."라고 했다. 그는 '독(毒)'이란 의미의 '쁘아종'이란 도발적이고 감각적인 향수를 만들기도 했다. 그러나 악취를 없애기 위해 뿌리던 향수를 요사이 신세대들은 너무 남용하는 것 같다. 남녀를 불문하고 심지어는 중학생 아이들도 마구 뿌리고 선물로 주고받는다. 나는 지나가는 그들에게서 역겨운 향수 냄새를 맡게 되면 이성의 관심을 끄는 수단으로 애용하는 것인지, 아니면 거짓과 위선의 냄새를 덮으려는 몸부림인지, 가끔은 혼란스러울 때가 있다.

대학생인 딸아이도 향수를 좋아하는데 그 아이는 '돌체비타'란 향수를 제일 좋아한다. '달콤한 인생'이란 의미처럼 향기를 맡는 순간, 기쁨이 느껴지며 화사해지는 기분이 든다. 나는 외출할 때마다 듬뿍 뿌리고 나가는 딸을 보면 그 향기에 질려서 머리가 아프지만 그 아이가 좋다니 할 말이 없다. 프랑스 속담에는 "향수를 선물 받으면 1년이 행복하다."고 하고, 현대에서 향수란 개인의 철학과 자신만의 개성으로 표현하는 필수품이라고 한다. 구세대인 나는 아직도 외출할 때, 향수를 뿌리는 것이 어색하나. 그래도 특별한 날이나 마음이 우울할 때 살짝 뿌려보기도 한다.

요즈음에는 향에 대한 연구도 활발해서 일본에서는 향기마을로 관광명소를 만들었다고 한다. 향기로 치료도 하고, 심지어는 향기 나는 양복을 만들어 상까지 받은 사람도 있다. 더구나 향기에도 유행이 있어, 요사이는 허브향이 유행이라 허브를 넣어 만든 온갖 제품들이 팔린다. 그래서 아파트 베란다에서 허브를 키우는 사람들도 많이 있다.

지난해, 한 후배가 좋은 향을 선물했다. 정신을 맑게 하여 신심을 북돋아 주는 것으로 백단향, 자단향, 안식향… 등 15가지 자연 향으로 빚은 것인데, 기도할 때나 기분이 흔들일 때 그 향기를 맡으면 진정이 되곤 한다. 향수보다 더 좋은 것이 아닌가 생각해 본다.

불가(佛家)에서 "생선을 싼 종이에서는 생선 냄새가 나고, 향을 싼 종이에서는 향 냄새가 난다."고 하듯이 인공적인 향기보다 자연의 향기가 좋고, 외향적인 냄새로 치장한 사람보다는 내면에서 우러나오는 인품(人品)의 향기가 그리운 것을 보면 알 수 있다.

세상에 아무리 향을 피우고 향수를 뿌려도, 인간의 탐심(貪心)과 위선(僞善)의 냄새는 없어지지 않을 것이다. 책 속의 '그르누이'가 발명한 '모든 사람의 사랑을 획득할 수 있는 향수'가 있어서 세상 사람들이 서로 사랑을 나누는 세상이 된다면 살만한 세상이 될 것이다.

나는 아직도 젖 냄새를 폴폴 풍기는 아기나, 풋풋한 청년들의 냄새와 인고의 세월을 살아오신 어머니의 냄새를 맡으면 아득한 추억이 되살아나면서 마음이 따뜻해진다. 세상이 쓰레기가 넘쳐 지구가 썩어가고 있다고 걱정한다. 좋은 향수가 무의식과 기억을 일깨워주는 열쇠이듯이, 자연의 향기와 따뜻한 마음에서 우러나오는 사랑의 향기는 모든 것을 새롭고 아름답게 만들 것 같다. 낡은 세대는 가고 새천년이 오듯이, 올해도 여전히 단풍은 찬란하고 마당에 핀 국화꽃은 아스라한 향기로 가슴에 스며든다.

안개비 속의 파리

평생을 기다리던 유럽 여행이었다. 누구라도 프랑스 파리를 생각하면 첨단의 유행과 낭만의 도시로 그리지만, 특히 파리는 나에게 있어서 환상 속의 도시로 새겨져 왔다.

나는 준비해간 옷 중에서 가장 좋은 것으로 갈아입었다. 비가 부슬부슬 내려 우산을 써야 했지만, 굳이 치마를 입었다. 계획하여 건설된 도시답게 파리는 질서 정연해 보였으나, 거대한 로마를 보고 온 탓인지 일행 중의 나이 든 분들은 지쳐서 구경이 시들해져 있었다. 하지만 나는 파리의 모습을 그냥 지나칠 수는 없었다. 다행히 안내하는 사람이 미술에 조예가 깊어 우리는 루브르 박물관에서 상세하고 재미있는 설명을 들을 수 있었다.

그러나 내가 상상했던 파리와는 사뭇 달랐다. 좁은 도로에

차들은 정신이 없고 스산한 11월의 비는 너무 추웠다. 더구나 상젤리제 거리에서 사진을 찍다 멍멍이 변(便)을 밟은 나는 어처구니가 없었고, 뒷골목의 쓰레기 더미를 보며, 자존심을 자랑하는 그들이지만 우리와 다를 것이 없구나 하는 생각이 들었다.

유명하다는 센 강의 유람선을 타고 강변을 보니, 강을 따라 보이는 에펠탑, 오르세이, 노트르담 성당은 모두 영화 속의 인조 건물처럼 화려해서 현실감이 없을 정도였다. 내 기분 탓인지 우울한 기운들이 허옇게 새로 단장한 중세 건물들 사이에서 헤매고 있는 듯 보였다. 옛것의 깊은 아름다움을 보러 온 내 눈에는 웬일인지 모두가 어설퍼 보인다. 실망한 내 모습이 안 되었는지 남편은 나를 위로한답시고 날씨가 좋은 여름에 다시 오자고 한다.

파리 거리를 걸으니, 문득 한 남학생이 떠오른다. 70년대, 대학 시절 나는 경복궁 앞에 있는 프랑스문화관에 자주 들리곤 했다. 문학 동아리에서 만났던 그 학생은 연극을 좋아하던 친구였다. 그는 볼품은 없었지만, 박학다식하여 그의 이야기를 듣다 보면 시간이 금방 지나가곤 했다. 그와 같이 프랑스 영화를 보며, 프랑스에 대한 동경을 한껏 부풀린 풍선 모양 띄워 보내곤 했었다. 같이 유학을 가서 자기는 연극을, 나는 문학을 공부하자는 그의 말은 나의 심경을 흔들리게 했다. 당시는 국비 장학생으로 유학을 떠나기가 하늘의 별 따기보다 어려운 시절이었고, 자비로 유학을 간다는 것은 보통 집안에서는 생각할 수도 없었다. 인연이 그것뿐이었는지 아니면 용기가 부족했는지, 그와의 푸른 꿈은 그것으로 끝났다.

나는 늘 파리에 대한 꿈을 꾸었다. 설사 이루어질 수 없는 꿈일지라도 꿈꾸고 있는 동안은 행복하다. 간혹 꿈속의 상황이 현실보다 더 사실처럼 느껴질 때도 종종 있다. 꿈만 같은 인생을 살 수만 있다면 얼마나 행복할까? 그러나 그런 인생을 사는 사람이 과연 몇이나 이 세상에 있을 것인가? 내가 파리에 와서 보니, 현지의 인상이 생각했던 것과는 다르게 느껴지는 것도, 꿈과 같은 이야기인지도 모르겠다.

우리네 같은 보통 사람들은 자신의 꿈을 이루기 위해 노력하면서 산다. 그러나 노력에 대한 결과가 자신이 원하는 방향과 멀어졌을 때, 우리는 많은 허탈감과 상실감에 괴로워한다. 높은 언덕을 겨우 넘어 한숨 쉬고 나면 또 한 고갯길이 나오는 것을 보면 우리의 이상과 현실의 괴리감은 어쩔 수가 없는 것 같다. 나는 오늘 파리의 현실에서 실망을 느꼈지만, 꿈을 먹고 살 수밖에 없는 우리들은 또 다른 꿈을 꾸며 미혹에서 헤맬 것이다.

노트르담 성당의 높은 첨탑에서 종을 울리던 꼽추 콰지모도와 미라보 다리에서 시를 읊어 주겠다던 지난날의 그 남학생은 내 곁에 없지만, 이룰 수 없었던 사랑과 꿈은 영원한 사실로 존재한다. 달리 생각해 보면 꿈은 꿈으로 남아 있을 때 아름다운지도 모르겠다. 현실로 이루고 나면 사람의 욕심은 끝이 없어서 또다시 환상 같은 다른 꿈을 찾아 헤맬 것이다.

온종일 안개비 속을 헤치며 이곳저곳을 보고 다녔다. 몽마르트르 언덕에서 내려다본 파리의 옛 건물들은, 새천년을 맞이하여 세월의 때를 벗고 새 단장을 하는 중이다. 그러나 내가 보기에는 차곡차곡 쌓인 역사의 때를 벗은 파리의 건물들은 추워 보였다. 기대가 크면 실망도 큰 것처럼 막연한 그리움과 상상이 깨어진 그 도시는, 내 머릿속에서 쉽게 지워지지 않을 유럽의 한 도시로 남겨질 것이다. 장님이 코끼리 다리만 만져보고 코끼리를 다 본 것처럼 이야기하듯, 이번 파리 여행에서 못다 본 또 다른 아름다움이 있기는 있을 것이다. 하지만 내 젊은 날의 꿈은 이제 아쉬움을 안고 젖빛 유리창처럼 안타까움으로 남아 있다.

철모르던 어린 시절 높은 이상만을 꿈꾸던 시절도 지나고, 가족들을 위해 모든 것을 희생했던 일들도 끝나간다. 이제는 이웃의 아픔을 둘러보고 나누어 줄 수 있는 마음의 여유가 조금씩 생기는 것을 보면 세월이 가져다준 작은 수확인지도 모르겠다.

다시 파리에 올 수 있다면 그때는 내 나이에 맞는 눈으로 파리를 구경하고 싶다. 이륙하는 비행기 창밖으로, 안개 빛속의 파리는 아스라이 이루지 못한 나의 꿈처럼 멀어져 가고 있었다.

밀포드사운드의 공연

밀포드사운드로 가는 길은 예상대로 험난했다. 크라이스트처치에서 출발하여 6시간이 지났지만 계속되는 산길은 끝이 날 것 같지 않고, 비와 진눈깨비로 날씨마저 스산한데 날은 저물어 갔다. 할 수 없이 우리는 캠퍼밴을 홀리데이파크에 세우고 간단히 저녁 식사를 했다. 우리가 빌린 캠퍼밴은 브릿츠(blitz)회사의 초록도마뱀이 그려진 4인용으로 화장실과 샤워실 냉장고 조리시설이 갖추어져 있다. 뉴질랜드 남섬을 이 차를 타고 여행할 예정이다. 다음날을 위해 자야 하는데, 캠퍼밴에서의 첫날이라 쉽게 잠은 오지 않고 뒤척거리니, 차창 밖에서 우는 바람 소리가 심상치가 않다. 내일 날씨가 걱정스럽다.

일찍 준비하고 떠났건만 테아나우 마을에 도착하니 오전 10시가 넘었다. 이곳은 세계문화유산으로 지정된 피오르 랜드의 중심지로 평화롭고 매력적인 곳이다. 밀포드사운드로 가는 관문이라 관광객들이 많이 들리는 곳으로 예쁜 가게들이 많았다. 차에 기름을 넣고 출발하여 1시간쯤 달리니 검문소가 나타났다. 진눈깨비가 내리고 가는 길이 위험해, 눈길에서 사용하는 체인을 사용하여야 하니 감아보라고 한다. 남편과 사위가 내려서 준비해온 체인을 바퀴에 감는데 영 맞지가 않아 애를 쓴다. 회사에서 준비해준 것이 작아서 맞지 않는다고 한다. 1시간을 넘게 씨름을 했지만 여의치를 않아, 할 수 없이 우리는 다시 테아나우로 돌아가 체인을 새로 준비해 와, 다시 점검을 받고 출발을 하니 많이 늦었다.

그 유명한 호머 터널도 지나고 깎아지른 절벽도 아슬아슬하게 곡예를 하면서 겨우 도착했다. 오후 1시쯤 도착해서 크루즈 선상에서 하는 뷔페로 점심을 하려고 했던 계획은 틀어지고 3시 마지막 배를 간신히 탈 수 있었다. 주린 배를 간단히 컵라면으로 때우고 선착장에 도착하니 빗방울은 우박으로 변해서 콩알만 한 것이 떨어지고 있었다. J여행사에서 온 한국관광객들은 다른 유람선을 타고, 우리는 4번 부두에서 인도인들과 함께 유람선에 올랐다. 배에는 따뜻한 커피와 차가 준비되어 있고 여행객은 20명 남짓 한산하다. 유유히 인도 가족들은 싸가지고 온 음식물을 손으로 먹고 있다. 좀 전에 허겁

지겹 먹은 라면이 체한 듯하여 속이 거북스럽던 나는 그들의 여유가 부럽다. 준비가 부족하여 사전지식이 없었으니 어쩔 수 없다. 그나마 따뜻한 차를 마시니 얼었던 몸이 녹는다.

비바람이 부는데도 딸과 사위는 사진을 찍느라고 함성을 질러대고 남편도 덩달아 나를 부른다. 다행히도 한국말로 적힌 안내 책자를 건네주어, 폭포 이름을 점검하며 구경한다. 노르웨이에서 보았던 폭포와는 사뭇 다른 광경이다. 이곳은 강수량이 최고 7천mm가 넘다 보니 폭포의 양이 대단하다. 더구나 비바람이 치다 보니, 바람의 방향에 따라 춤을 추며 내는 소리는 가히 장관이었다. 폭포수가 내리다 역류하여 하늘로 올라가며 뿌리는 빙하 물은, 마치 살아서 움직이고 있는 장대한 오케스트라의 공연이었다. 이 물을 마시면 10년은 젊어진다는 전설이 있다고 하지만, 엄청난 비바람에 엄두가 나지 않아 포기했다. 전혀 짠 냄새가 나지 않아 바닷물이라고는 생각되지 않고, 마치 푸른 산과 만년설을 배경으로 한 거대한 공연장 같다. 완벽한 조화로움에서 울려 퍼지는 음악 소리는 영혼을 정화하는 힘이 있듯이, 그동안 시달려 왔던 내 영혼이 씻어지는 듯하다.

한참을 달리던 배가 어느 지점에 도착하니 엔진을 끄고 우리들을 배 앞머리 선창으로 안내해, 밑을 보니 귀여운 돌고래

가족 3마리가 쫓아온다. 사람들의 환호성에도 그들은 아랑곳하지 않고 우리에게 윙크하며 춤을 춘다. 어찌나 귀엽고 신기한지 넋을 잃고 구경했다. 아이큐가 높아 사람과 교감을 한다고 책에서 읽었고 돌고래 쇼도 몇 번을 보았지만, 그냥 그렇다고 생각했었는데 실제 바로 눈앞에서 그들이 보여주는 생생한 모습을 보니 역시 돌고래는 영물이었다. 그때 순간 비가 멈추고 해가 반짝한다. 그리고 저 멀리 남태평양 바다 위에 무지개가 나타났다. '빨주노초파남보' 20여 명의 승객은 일제히 함성을 지르고, 사진을 찍으며, 가슴에 피어오르는 행복감으로 웃음꽃을 날렸다. 우리 가족들 가슴에도 영원히 무지개가 새겨지길 바라며 저 바다 멀리 소망을 날렸다.

여행이란 인생길과 같다고 한다. 계획했던 대로 준비하고 움직이지만, 곳곳에 잠복한 복병을 만나면 꼼짝없이 당하고 만다. 호주 브리즈번에서 딸과 사위를 만나 시작한 여행길은 골드코스트, 시드니 멜버른을 거쳐 뉴질랜드로 건너와 크라이스트처치, 밀포드사운드, 마운트 쿡, 퀸스타운, 오클랜드, 로토루아, 타우포 호수의 번지점프, 검은 모래사장인 무리와이 비치 등, 남북 섬을 비행기와 배, 자동차로 한 달여 동안 다녔다. 우리 가족들은 5천km가 넘는 길을 여행했다. 그동안 어찌 매일 좋은 구경만 하고, 즐거웠을까. 좋은 자연경치를 볼 때는 즐겁고 좋기도 했지만, 물을 갈아 먹어선지 나는 배가 아파 며칠을 고생하기도 하고, 남편은 기분이 좋아 한 달 내내 맥주를 입에 달고 살더니 술병이 나기도 했다. 딸과 사위, 남편이 번지점프를 하는 것을 보면서 심장이 튀어나올 정도로 쿵쾅거렸지만, 무사히 마치고 올라와서 자랑스러워하는 그들을 보며 용기와 두려움은 같이 공존한다는 사실을 알았다.

어려운 고비를 닥칠 때마다 서로서로 챙기고 다독거리고 기도했다. 기도밖에 할 수 없는 나약한 존재임을 느끼며 자연 앞에 겸손하게 엎드릴 수밖에 없었다. 수많은 양 떼들과 소 떼들, 끝이 보이지 않는 지평선, 한없는 파도 위에 한 점 서핑보드를 타고 물살을 타고 노는 사람들을 보면서 자연 속의 인간의 존재가치를 새삼 느낄 수 있었다.

나는 과연 이번 여행에서 가지고 온 것은 무엇이고 버리고 온 것은 무엇일까? 굳이 정답을 찾지 못했지만 내 가슴에 새겨져 있다. 무언가 우리를 맞이했던 순간들과 풍광들을 되새기며 이유 없이 확신하는 마음을 가져본다. '여행이란 그런 거야, 다음에는 더 잘 할 수 있어.' 어디선가 밀포드사운드의 우렁찬 폭포 소리가 음악처럼 들려온다.

소금과 설탕

길에서 아는 사람을 만났을 때 "요새 재미가 좋은가 봐, 더 젊어지셨네요. 신수가 훤하신데요." 하면 다들 좋아한다. 나는 빈말을 잘하는 편은 아니지만, 어느새 세상을 요령 있게 살아가는 방법을 터득하는 나이가 되었다. 대부분 사람은 채찍보다는 당근을 좋아하기 때문이다. 그래서 나는 늘 사탕이나 껌을 가지고 다니며 사람들에게 나누어 주고 웃으며 사람들을 칭찬하려고 노력한다. 지금도 큰 시장이나 백화점에 가면 식품부에서 여러 가지 사탕 봉지들을 구경하며 정신없이 그곳에서 시간을 보내며 사탕을 고른다. 성경에는 세상에서 소금과 같은 사람이 되라고 하지만, 나는 아직도 철이 덜 들었는지 소금보다는 설탕 같은 사람이 더 좋다.

소금과 설탕은 여러 가지 공통점을 갖고 있다. 예전에는 꽃

소금을 써서 별문제가 없었는데 요사이는 구운 죽염을 쓰다 보니 양념 통에서 그들을 육안으로 구분하기가 쉽지 않다. 가끔은 혼동하여 맛있게 한 요리를 망치기도 한다. 소금과 설탕은 있는 그대로 먹는 것이 아니라 음식물에 쳐서 먹을 때 더욱 맛을 내고, 썩기 마련인 식품의 분해속도를 늦춰주는 속성을 지니고 있다. 주로 소금은 고기와 생선을, 설탕은 과일을 저장하는데 많이 쓰인다.

소금은 인류역사가 시작되기 전 지구의 탄생과 같이한다. 지구가 차츰 식으면서 수증기가 비가 되어 땅 위에 쏟아져 내리며 이때 소금도 함께 생성된다. 바닷물 속에는 2.5~3%의 염분이 함유되어 있다. 인간이 탄생하였을 때부터 소금 성분은 자연스럽게 섭취했을 것으로 추측된다. BC 6세기 로마에서는 소금 판매권을 정부가 장악했고, 중국에서는 2500년 전 상고시대부터 바닷물을 끓여 소금을 채취했다는 기록이 남아 있다. 또한, 암염은 수천 년 동안 아프리카 대륙을 가로지르는 대규모 낙타 대상들의 교역 물품이었다. 예전에는 소금이 재화(財貨)로 쓰여 소금으로 봉급을 주기도 했다고 한다.

소금은 엄밀한 의미에서 식품은 아니지만, 우리 세포 안에서 낡은 것을 밀어내고 새로운 것을 받아들여 신진대사를 촉진하는 건강 지킴이 역할을 한다. 우리 혈액의 0.9%의 염도를 유지해야 하므로 공기, 물과 함께 사람의 생명을 유지하는데 필수적인 물질이다.

소금은 그 식품이 지니고 있는 고유의 맛을 돋우는 역할을 하며 맛을 강하게 한다. 유럽을 여행하다 보면 가는 곳마다 수프가 짜서 먹을 수가 없는데, 그곳 사람들은 낮은 기압 때문에 건강상 소금을 섭취해야 하므로 그렇게 짜게 먹는다고 한다. 우리가 즐겨 먹는 샐러드 역시 소금을 첨가한 채소란 뜻이라고 한다.

지난봄 동유럽 여행을 갔을 때 크라코프의 거대한 소금광산을 구경했다. 암염으로 만들어진 많은 조각상과 웅장한 규모에 가히 유네스코의 문화유산으로 지정될 만한 곳이었다. 광산을 발견한 유래와 전설을 들으며 거대한 마리아상 앞에서 사진을 찍으며 우리는 소금의 위대함을 다시 느꼈다.

설탕은 사탕수수와 사탕무가 원료로 쓰인다. BC 327년 알렉산드로스 대왕이 인도로 원정군을 보냈을 당시, 사령관이었던 네아르코스 장군이 인도에서 발견하여 5, 6세기경 중국, 타이, 인도네시아로 보급되어 중앙아시아를 거쳐 유럽으로 전해졌다. '슈거(sugar)'의 어원은 인도의 산스크리트어인 샤카라(sakkara)에서 유래한다. 우리나라에는 중국 송나라 시절 후추와 함께 들어온 것으로, 최초 기록은 고려 명종 때 이인로의 《파한집》에서 찾아볼 수 있다. 당시에는 약재로 쓰였으며 차츰 일부 상류층의 기호품으로 바뀌어 갔다.

1950년 중반 제당 공장의 설립 이후 식품산업 발달에 크게 기여했고 이제는 손쉽게 구할 수 있으며 가장 싼 식품에 속한다. 어린 시절 추석 선물로 들어온 설탕 한 포대는 대단한 위력을 발휘하곤 했다. 한때는 설탕의 소비가 문명의 척도라고 하여 일반적으로 증가하였으나, 이제는 성인병의 주범인 비만의 원인이 되어 피하고 있다.

왠지 설탕을 생각하면 유아 냄새가 나고 많은 추억거리와 함께 가슴이 따뜻해진다. 알록달록한 형용 색색의 사탕을 보고 있으면 그 속에 꿈과 희망이 있는 것 같아, 욕심을 냈었고 아직도 미련을 못 버린다.

내가 어렸을 때에는 알사탕과 초콜릿이 귀한 군것질거리였다. 나는 학교 갈 때마다 그것들을 한 움큼씩 가져가 친한 친구만 나누어 주며 다른 친구의 가슴을 아프게 한 기억이 있다. 생각하면 낯이 붉어지는 기억들이다.

지금도 우울하거나 무언가 일이 안 풀릴 때면 나는 단 음식을 먹는다. 달콤하고 부드러운 설탕의 애틋한 맛이 나를 기분 좋게 하면서, 우리네 인생살이도 이렇게 단맛과 짠맛, 또 쓴맛 신맛 매운맛이 어우러진 것이 아닐까 싶다. 소금처럼 사회에 꼭 필요한 사람으로 살기는 쉽지 않다. 소금과 설탕이 서로 상승 작용으로 더 맛깔스럽고 오묘한 맛을 내듯이 우리의 삶도 조화와 균형만이 비결이 아닐까 싶다.

나는 2년마다 독서회 문우들과 해외여행을 떠난다. 여행지를 정하고 적금을 들고 그곳의 문학과 음악, 그림을 공부하며 준비한다. 그렇게 10일간의 여행을 위해 나머지 720일을 인내한다. 인내는 쓰고 열매는 달다라는 말을 새기며….

매번 여행길에서 돌아올 때 지루한 비행시간을 우리들은 달콤한 사탕 맛 같은 여행에서의 에피소드를 이야기하며 견딘다. 그러면서 나는 또 다음 여행을 위해 앞으로의 시간을 소금처럼 인내심으로 준비한다.

일어나! 일어나!

목련꽃이 피었다. 이십 년 전 서울 외곽에 위치한 과천으로 이사 왔을 때, 나는 삼십 대 초반이었다. 오이밭과 배 과수원을 넘어 산 밑에 자리한 문원마을은 대부분이 그린벨트로 묶인 땅이었다. 세상 물정을 모르면서 그린벨트 안에 집을 짓다 보니, 관공서와의 마찰로 거의 일 년을 넘게 공사를 했다. 서울 아파트에서 편히 살던 주부가 일꾼들과 입씨름하랴, 마을 토박이들의 텃세에 시달리며 많은 어려움이 있었지만, 젊은 혈기와 부푼 희망에 힘든 줄도 몰랐다.

남편은 무조건 창문은 커야 좋다며 규격에도 없는 창을 여기저기 냈고, 긴 공사기간으로 준비한 돈은 바닥나서 마지막에는 유리창 끼울 돈이 없었다. 그해 겨울 입주하고 보니 엉터리 새시설치업자 덕분에 어디선가 들어오는 바람에 코가

시릴 지경이었다. 마당의 잡초는 어찌나 극성을 떠는지, 질경이와 민들레 쑥과의 싸움은 젊은 내가 감당하기에는 역부족이었다. 그렇게 집에 시달리다 보니 나는 주위환경이 좋은지 공기가 좋은지도 모른 채 불평만 늘어놓으며 얼른 집을 팔고 이사 갈 궁리만 했다. 그러는 중에 친정아버지가 돌아가시고, 나는 불면증에 시달리며 얼굴은 점점 풀죽은 배추처럼 시들어 갔다. 매일 아이들 등교시키랴, 도시락 갔다 주랴, 시장보기 등 별일도 못하면서 하루가 금방 지나갔다. 그래도 어찌나 세월은 더디 가는지 사는 것이 정말 힘들었다. 그렇게 몇 년이 정신없이 지나갔다

이제는 흙을 밟고 살다 보니 작고 어린 제비꽃을 들여다보며 이런저런 이야기도 나누고, 민들레와 쑥을 캐서 나물을 하고 국도 끓여 먹는다. 제 몫을 하느라 애쓰는 잡초들의 생을 생각하면 기특한 마음마저 든다.

새마을사업의 일원으로 도로가 정비되고 과수원과 오이밭은 사라지고 우리 마을도 집이 많이 들어섰다. 어느덧 아이들도 다 자라 내 손을 떠났고 마당의 나무들도 훌쩍 자라 내 키를 넘어서 보기 좋게 숲을 이루었고, 잡초도 무심히 넘겨볼 줄 아는 나이가 되었다.

이십 년을 넘게 살다 보니 자연히 마을 일도 맡아 하게 되

고, 토박이들과 어울리게 되었다. 마을 사람들은 순박하고 따뜻하지,만 직선적이며 다혈질이라 싸움도 잘한다. 열심히 살아가는 그들을 보면 생활이 느껴진다.

삼월 마지막 날 여느 해와 마찬가지로 마을 사람들은 봄나들이를 떠났다. 밤새 내린 봄비로 날씨 걱정을 했는데 다행히도 비가 그쳤다. 80을 넘으신 어르신도 단장하고 할머니들도 빨간 바지에 한껏 멋을 내고 길을 떠났다

철 이른 바닷가에서 삼삼오오 둘러서서 초록빛 바다를 보며 함성을 지른다. 나이를 먹어도 마음만은 청춘이다. 돌아오는 차 안에서 흥겨운 노랫가락이 흘러나오고 소주 한 잔에 힘겨운 생활이 풀어진다. 간드러진 디스코 메들리 가락에 '앗싸 앗싸' 춤판이 벌어진다. 다들 시름을 잊고 잠시 힘겨운 현실은 선반 위에 올려놓고 몸부림을 치듯이 난리다. 소싯적에는 이런 분위기에 잘 적응되지 않아 어울리지 못했는데, 이제는 모든 것을 잊고 하루만이라도 본능에 충실한 그들의 모습에 잠시 감동을 받기도 한다.

멀미가 날 것 같아 눈을 감고 있는데 그런 나를 보기가 딱한지, 부녀회장님이 일으켜 세우며 자꾸 춤을 추라고 한다. 소화도 시키고 운동도 하고 얼마나 좋으냐며 부추김을 당하는 나를 보고 사람들이 "일어나, 일어나." 하고 외친다. 우스

짱스럽고 부자연스러운 어깨춤에 쑥스러워하는 자신을 보며 나는 갑자기 "일어나, 일어나."라고 노래한 가수 김광석이 생각났다. 서민적이면서도 사회성을 담고 있는, 그러면서도 감성적인 그의 노래를 즐겨 듣고 좋아했었다.

가볍게 산다는 것은 결국은 스스로를 얽어매고
세상이 외면해도 나는 어차피 살아 있는 걸
아름다운 꽃일수록 빨리 시들어가고
햇살이 비치면 투명하던 이슬도 한순간에 말라버리지
일어나 일어나 다시 한 번 해보는 거야

암울한 현시대에 지도자는 부표처럼 흔들거리고 물가는 하루가 다르게 치솟고, 경제는 바닥을 기고 청년실업은 해결방안이 없다. 거리에는 어린아이보다 힘없는 노인들만 보인다. 검은 밤의 한가운데 앉아 한 치 앞도 보이질 않는다고 노래하다 요절한, 김광석의 현실처럼 답답하기만 하다. 하지만 그의 슬픈 노래가 사람들의 마음에 희망을 주듯이, 봄은 어김없이 돌아왔고 새싹들은 언 땅을 뚫고 움을 틔웠다.

넘어진 자 반드시 땅을 딛고 일어설 수 있듯이 우리는 다시 일어서야 한다. 오늘 하루 풀어진 모습으로 춤판을 보였던 그들도 내일이면 다들 생활 전선으로 돌아가 배추를 팔고 토마토를 팔기 위해 목청껏 외칠 것이다.

"싱싱한 채소가 있어요. 오이도 있고 토마토도 있어요."

3월 초 생각지도 못했던 백 년 만의 폭설에 꽃눈이 죽었을까 봐 걱정했는데, 우리의 기대를 저버리지 않고 목련꽃은 어김없이 피어 회색빛 도시를 환하게 밝히고 있다.

나는 저물어 가는 차창 밖의 저녁놀을 보며 일어나 노래를 부른다. 그들의 붉어진 얼굴에 흥을 돋우기 위해 목청을 가다듬고 노랫가락을 부른다.

과천에도 비가 오나요?

세상에는 어처구니없는 일들이 얼마나 많이 벌어지는지, 소견 좁은 인간의 머리로 받아들이기에는 힘이 들 때가 많다. 그래서 종교의 힘을 빌려 신의 뜻이라며 기도와 눈물로 하소연하지만, 대부분은 숙명으로 받아들이며 살아간다. 만물이 목숨 받아 태어날 때 부모를 선택할 수 없듯이, 우리는 주어진 여건 따라 환경의 지배를 받으며 살아갈 수밖에 없다. 불교의 윤회설을 믿지 않더라도 어찌하여 이런 꼴로 이런 부모 밑에 태어났는지, 원망하고 울기도 하지만 주어진 운명을 체념하고 받아들일 수밖에 없다.

그렇게 '운명이란 무엇일까.' 하는 의구심은 나에게 늘 숙제로 다가와 나날을 괴롭혔다. 그러다 보니 사람에 대한 관심과 가슴에 맺힌 상처로 고통받는 사람들과 이야기를 나누게 되었고, 심리학과 상담학을 나중에는 역학까지 공부하게 되었다.

역학에서는 사주(四柱)를 잘 타고나야 좋고 특히 태어난 시간이 중요하다고 한다. 그동안 공부를 해보고 여러 인생을 상담한 결과 내가 알게 된 것은, 수태(受胎)될 때 부모의 마음가짐과 그 순간이 중요한 것 같다. 어떤 마음가짐으로 두 부부가 합방하고 일을 치렀나에 따라 아이의 정신상태가 결정되는 것 같다. 예전부터 양반가문에서는 수태 일의 중요성을 알고 합방하는 날을 정하고 행했다고 하니 선조들의 슬기로움과 신중함을 엿볼 수 있다.

물론 서구에서는 과학적 유전의 법칙이나 환경 결정론으로 인간의 존재를 연구하고 있지만, 더 중요한 것은 언제 어느 때 정자와 난자가 만나서 수태 되었는가가 문제인 것 같다. 예전에 우리 시대에는 삼신할미가 아기를 점지해 주는 것으로 알았다. 새 생명이란 세상에서 가장 높은 수미산에서 작은 겨자씨를 떨어뜨려 바늘 끝과 만나는 순간 생명이 점지 된다는 말을 듣고 얼마나 신기한지, 순결을 소중하게 여겼다. 요즈음 생명경시 풍조가 만연한 아이들이 들으면 웃을 일이다.

얼마 전 TV에서 <무너진 십대들의 성>이란 프로그램을 보니 새삼 가슴이 아팠다. 그들의 어처구니없는 인터뷰 내용은 낙태를 밥 먹는 것보다 쉽게 이야기하고 있었다. 한 달만 아르바이트하면 비용을 벌 수 있고, 불법으로 유산을 시킬 수 있다고 한다. 어쩔 수 없이 출산한 아이들은 버려지거나 영아원으로 보내진다. 그리고 그 아이들이 외국으로 입양되고 있다는 사실은 이제는 놀랄 일도 아니다. 그중의 한 아이가 "엄마한테 미안해요. 내 몸 함부로 굴려 이렇게 되었는데 엄마한테 제일 미안하지만 어쩔 수가 없었어요." 하면서 울고 있었다. 그 아이를 보면서 나는 그 아이의 어미라도 되는 양 흘러내리는 눈물을 막을 수가 없었다.

목(木), 화(火), 토(土), 금(金), 수(水), 오행의 성질이 어느 하나 중요하지 않은 것이 없듯이 우주 만물 속에는 쓸모없는 것이란 없다. 어느 계절에 무슨 기운으로 태어났건 사주만으로 그 사람의 본성(本性)을 알 수 있고, 사주 여덟 글자의 조화에서 무궁무진한 세계가 펼쳐져 그 사람의 부귀(富貴), 처자(妻子), 건강(健康), 수명(壽命)까지 일생의 인생항로를 알 수 있다. 대강은 맞는 것도 같으니, 운명이란 없다고도 할 수 없다.

남동생은 음력 12월 26일에 태어났다. 불의 기운을 타고난 사주에 물의 기운이 넘실대서 겨울 햇빛 불기운은 맥을 못 쓰는데, 임자년 전국에 대홍수까지 나니 병이 나고 말았다. 화(火)는 정신을 의미한다. 대학입시에 실패하고 재수를 하던

해 정신이 망가져 버렸다. 그 후 삼십 년을 병원을 드나들며 일생을 보냈다.

어머니 말을 들으니 전후(前後)의 불안정한 시국 상태에서 어쩔 수 없는 결혼으로 불안한 마음에서 동생을 수태했다고 한다. 우리 가족들은 한집안에 그런 병력이 있다는 사실만으로도 많은 상처를 받았다. 가족이라는 이유만으로 끊임없이 싸우며 어울려 사는 것이 우리네 살림살이니 어쩔 수 없이 감당할 수밖에 없었다.

고장 난 시계처럼 언제나 그 상태로 머물러 있는 남동생의 머릿속은 자라지 않는 영원한 아이이다. 아무것도 하지 않고 간단한 일을 시켜도, 자신은 몸이 약해서 할 수 없다고 손을 내젓는 동생을 보면 마음이 아프다.

사람들은 대부분 믿었던 사람이나 가까운 사람들로부터 배신을 당하거나, 예상하지 못했던 일이나 말을 들었을 때 많은 상처를 받는다. 인류의 죄를 대신하여 십자가를 지신 예수님이나, 만물의 생로병사의 고통을 해탈하기 위해 자신의 영화를 버린 부처님처럼, 우리 평범한 사람들이 세상의 모든 힘든 사람들을 도와줄 수는 없다. 하지만 고통받는 장애인들은 우리 정상인들을 대신해 십자가를 짊어진 것이라는 글을 읽은 적이 있다.

나는 미약한 힘이나마 그들에게 힘이 되고자 전화상담을 하고 있는데, 어느 날 전화를 받았더니 "오늘 과천에도 비가 오나요?" 하며 속삭이는 목소리가 들렸다. 그들은 언제나 같은 말만을 되풀이하고, 말도 안 되는 억지를 쓰고 자신들의 상처를 자꾸 헤집어 생채기 내며 괴로워한다. 그들과 이야기를 하다 보면 답답하면서도 안타까운 것은 도와줄 수 있는 내 역량이 부족함을 느껴서다.

세상에 너무나 많은 사람이 고통받고 있지만, 그들을 다 도와줄 수는 없다. 하지만 나라도 그들의 이야기에 귀 기울여 들어준다면, 그들이 편안할 수 있다면 이 사회는 좀 더 건강한 세상이 될 것 같다. 무너진 도덕성과 무분별한 성으로 정신과 몸이 망가진 아이들, 특히 약물 중독으로 일생을 망치는 그들을 보면 '부모 자격증'이 필요한 시대가 아닌가 하는 생각이 든다.

오늘도 나는 속삭이는 목소리를 듣기 위해 전화를 받는다. 조그만 내 한마디 위로의 말로 그 사람들이 안도하고 편안할 수 있다면 나는 언제라도 그들과 이야기하고 싶다.

그곳에 살고 싶다

시간이 나는 대로 지도를 펼쳐놓고 들여다 보면 세상이 보인다. 워낙 여행을 좋아하다보니 내가 가보았던 곳을 찾아보고 추억에 잠기기도 하지만, 다음에 여행할 곳을 찾아보며 미지의 세상을 꿈꾸는 것을 더 좋아한다.

어느 날 나는 우리나라 지도를 보다가 한 곳을 발견했다. 그곳은 강원도 양양, 이름이 정말 예쁘다. 양양은 지명 자체가 오를 양(襄)자와 해 양(陽)자를 쓰는 '해 돋는 땅'이다. 본래 중국 후베이 성 한수 연안에 있는 지명에서 따왔다고 하는데, 자연환경이 아름답고 사람들의 품성이 바르고 우수하여 풍속과 학문이 다른 고을보다 훌륭하여 '양양'이라 칭했다고 전해진다.

동으로는 약 40km에 걸쳐 동해에 연하고, 서로는 태백산

맥이 북에서 남으로 뻗어 영동, 영서의 분수령을 이루고 있다. 태백산맥의 주봉인 설악산, 점봉산, 등 험준한 산들이 많이 솟아 있어 산과 바다를 두루 갖추고 있는 자연자원이 풍부한 곳이다. 그곳은 여름휴가를 보내기 위해 자주 가는 곳으로 2, 3년에 한 번은 가는 곳이다. 매번 가보아도 볼거리와 먹을거리가 풍부하고 놀 거리도 많아 사람들이 즐겨 찾는 곳이다.

나는 중학생들에게 '집단심성 수련학습'을 자원봉사하고 있는데 그중에 '나의 삶의 설계'란 프로그램이 있다. 그것은 현재 자신의 나이를 기록하고 5년, 10년, 20년, 30년 후의 삶의 모습을 상상해서 삶의 목표를 세우고 구체적인 삶의 설계도를 만드는 것이다. 좋은 집을 지을 때 면밀한 설계도가 필요하듯이 우리가 살아가는 데 필요한 직업과 가치관 및 흥미 적성 등을 알아보는 작업이다. 나는 그 작업을 하면서 미래에 내가 살게 될 모습을 찾았다.

지난 세월 동안 내 삶이란 어미로서의 책임감과 아내로서의 얽매임 속에서 힘들었다. 가족이라는 울타리가 든든하기도 했지만, 한편으로는 족쇄처럼 나를 붙잡고 있는 끈이었다. 이제 아이들도 웬만큼 자리매김도 했고 남편도 정년을 맞아 쉴 때가 되었다. 은퇴 후에는 여행이나 하면서 좋은 친구들과 담소하며 이웃들과 나누는 삶을 살고 싶다는 소박한 생각을 하고 있다. 하지만 아직은 연로한 시부모님이 계시고 아이들도 결혼하지 않았다. 늦어도 10년 후쯤이나 가능할까? 선배 수필가 N선생님은 홍천으로 이사하신 후 그림을 그리고 좋은 글을 써 우리를 즐겁게 해 주신다. 생활이 편안해지니 글이 너무나 감동적으로 다가왔다. 한때는 늙으면 절에서 공양주 보살이나 하면서 살겠다고 막연히 생각한 적도 있었다.

지도에서 양양을 본 순간 섬광처럼 한 생각이 마음으로 날아와 꽂혔다. 앞으로 내가 살고 싶은 곳이다. 산을 좋아하는 남편과 바다를 좋아하는 내가 같이 살 수 있는 곳, 양양이다. 지방에서 살면 불편한 점이 많이 있겠지만, 다행히 국제공항도 생겼고 앞으로 동서 고속도로도 생긴다고 하니 나에게는 딱 맞는 곳이다. 나는 그날 저녁 남편한테 큰 보물이라도 발견한 듯 호들갑을 떨며 이야기를 했다. 그런데 남편의 반응은 시큰둥하다. 그러면서 늙을수록 제반시설이 갖춰진 서울근교 도시에서 살아야 한다는 것이다. 그 날부터 나는 백 가지 좋은 이유를 만들어 남편을 설득하기 시작했다. 매일 노래를 부르니 남편도 조금씩 귀를 기울인다. 이제는 그곳으로 갈 날만을 손꼽아 본다. 언제나 될까 상상만 해도 평화롭고 즐거울 것이다.

봄이면 푸른빛을 따라 오색 약수터와 주전골 계곡의 산목련을 보러 가서 맛있는 산채 비빔밥을 먹을 것이고, 여름이면 피서 내려온 친구들과 자식들에게 편안한 잠자리와 싱싱한 회를 대접할 것이며, 가을이면 붉은 단풍으로 물든 설악에 올라 그윽한 머루주를 마실 것이다. 그리고 겨울이 오면 눈 내리는 겨울 바닷가에서 남편의 손을 잡고 거닐거나 장작불이 활활 타고 있는 아궁이 앞에서 고구마를 먹으며 지나온 인생을 이야기할 것이다.

젊었을 때는 강렬하고 '짧고 굵게' 사는 삶이 멋이 있어 보였다. 하지만 이제는 '가늘고 길게' '소박하고 순수하게' 제 갈 길만 묵묵히 걸어온 삶이 좋아 보인다. 겉치레와 체면에 목숨 걸었던 나를 벗어 버리고, '참, 나'를 찾을 수만 있다면 어느 곳에 살든 괜찮을 것 같다. 언젠가 그날이 오면 나는 '해 돋는 땅' 바로 그곳 양양에서 살고 싶다.

4.

꽃점을 치며

커다란 질화분에 가득 심으니 사랑이 우리 거실에 가득 찬 듯하다. 쑥갓같이 생긴 잎사귀에 하얀 꽃이 피어있는 마가렛은 봄에 피는 국화로 청순함의 상징이기도 하다. 꽃말은 '사랑을 점친다, 진실한 사랑, 예언, 비밀을 밝힌다.' 등 여럿이다.

당신의 의미

한 장의 사진

옛집 이야기

꽃점을 치며

두물머리 가는 길

수화를 배우며

논개의 눈물

집 속의 집

못다 부른 노래

제야의 종소리

당신의 의미

상담을 하다 보니 많은 사람을 만난다. 학생들이 많지만, 주부들과 노인들도 많다. 대부분 이야기의 내용은 '나만 왜 이렇게 고통스럽고 슬프고 외로울까요.' 하는 것이다. 원망과 하소연을 듣다 보면 막막해지기도 하지만, 가만히 들어보면 해답을 알면서도, 그들은 모른 척하며 빙빙 주위만 돈다. 상담자들의 대부분은 분노를 조절하지 못하고, 생각에 빠져 행동을 실천하지 못하는 공통점을 발견하게 된다. 그들의 이야기를 듣다 보면 답답도 하지만, 그래도 추스르고 일어서는 것을 보면, 사람들은 어디에서 사는 힘을 얻을까 하는 점에 늘 주목하게 된다.

쉼터(재활생활관)에서 만난 A는 말간 얼굴로 나를 맞았다. 19살이라고 하는데 이야기를 해보니 도대체 믿기지가 않는다.

중학교 2학년을 중퇴하고 그냥 그렇게 지냈다고 한다. 온종일 인터넷에서 게임과 서핑만 한다는 그 아이는 묻는 말에 무조건 "몰라요. 그저 그래요."라는 말로 일관한다. 그녀의 말을 듣고 있으면 "말은 곧 마음이며 의미다."라는 글귀가 떠오르며 이 예쁜 아이가 왜 이렇게 되었을까 하는 생각이 든다. 현실에 적응하지 못하고 가상세계 속에서 사는 A는 뿌리가 뽑힌 들꽃 같다. 무심히 꺾어 던져버린 꽃처럼, 시들어가며 존재의 의미가 없어 보인다. 그 아이에게 자존감을 높여주기 위해, 여러 가지 프로그램을 시도해보지만 별 효과가 없는 것 같아 안타깝다.

사람들에게 자신을 어떻게 돌보아야 하는지를 설명하기 위해 나무와 농부 이야기를 자주 한다. 나무가 잘 자라기 위해서는 햇빛과 흙, 물이 필요하다. 비옥한 흙만이 씨앗을 받아들여 훌륭하게 키워 낼 수 있다. 씨앗은 흙으로부터 성장에 필요한 좋은 환경을 받아 생명을 창조하고 성장한다. 농부들은 어린 자식 돌보듯, 흙을 개간하고 영양분과 물을 주고 잡초와 해충을 잡아준다. 하지만 아무리 땅이 비옥해도 씨앗을 뿌리지 않으면 토마토나 오이, 고추를 얻을 수 없다. 생명을 창조하고 키우는 힘은 오로지 조물주에게 있지만, 농부는 최선을 다해 식물의 성장에 좋은 환경이 되도록 보살피는 일을 한다. 그러므로 식물이 자라기 위해서는 인내심과 기다림이 필요하다.

사람들에게는 영혼이라는 정원이 있다. 그 정원을 잘 보살피고 가꾸는 것이 우리의 임무다. 아름다운 장미 정원을 만들기 위해서는 색색의 장미를 심고 가꾸어야 한다.

나는 침대 머리맡에 '헤르만 헤세'가 그린 <정원사>를 걸어 놓고 매일 내 영혼에 물을 준다. 비스듬하게 밀짚모자를 쓰고 물뿌리개를 한 손에 들고, 태양을 바라보며 뒷모습을 보이고 있는 그림이다. 그것을 볼 때마다 내 밭의 흙은 영양분이 충분한지 물은 잘 주었는지, 씨앗을 너무 깊게 심지는 않았을까 하고 점검해본다. 앞모습이 아니라 뒷모습의 농부가 우리에게 더 많은 이야기를 해 주는 것 같다.

사람들이 힘을 얻는 것은 상대방에게 다가가 살며시 껴안아 주었을 때, 사람들은 위로와 안도감을 느끼고 기대며 안겨온다. 거친 바람과 황량한 들판에서 그래도 사람들이 살아가는 힘은, 미래에 대한 희망과 가족의 사랑이 가슴속에 의미로 남아 있기 때문이다. 희망과 사랑의 말만이 의미로 다가와 우리 영혼의 정원에 생명수로 뿌려진다.

벌써 우수(雨水)도 지나고 봄이 다가온다. 지난가을 갈무리해 둔 씨앗도 챙기고 땅의 기운을 북돋을 수 있게 밑거름을 충분히 해주자. 그리고 가만히 작은 소망의 씨앗 하나 뿌려보자.

가난하고 외로운 이웃들에게 모두 작은 의미라도 되어줄 수 있다면, 서로를 생각하며 봉사하며 나누는 사람들이 많아진다면, 이 세상은 파랑새가 노닐고 형형색색의 꽃들이 피어 있는 봄 햇살 같은 그림으로 변할 것이다.

한 장의 사진

얼마 전 친정어머니의 칠순 잔치를 했다. 어머니가 워낙 사람들과 어울리는 것을 좋아하시니 자식 된 도리에 즐겁게 잔치를 준비했다. 맏딸인 나는 어쩔 수 없이 앞장을 섰다. 어려운 이 시대에 잔치 자체가 못마땅했으나 할 수 없었다. 다행히 동생들이 자리들을 잡고 살아서, 수월히 일을 치렀다.

한 달 전부터 식장을 예약하고, 친지들에게 연락하느라고 분주했다. 잔치 전날 밤에는 빠진 것은 없나 하는 걱정으로 신경이 쓰여 잠을 이루지 못했다. 그러나 다행히 잔칫날 식장은 꽃바구니와 화환들로 화려했고 풍성했다. 특히 한복을 곱게 차려입고 어머니를 위해 옛 노래를 부르는 어머니 친구분들의 모습이 아름다웠다.

칠순 잔치를 고희연(古稀宴)이라고 하는데, 그 말은 두보의

시 '인생 칠십고래희(人生七十古來稀)'에서 유래되었다고 한다. 지금까지 나는 나이를 먹는다는 것이 아름답다기보다 서글프게 느껴지곤 했으며, 간혹 거울을 통해 얼굴을 볼 때마다 잔주름이 애잔하게 느껴져 초라하고 보기 싫을 때가 많았다. 하지만 그 날 당당한 모습으로 춤을 추시는 어머니의 모습은 아름답고 흥겨웠다. 비디오는 바쁘게 돌아가고, 사진사는 그런 모습들을 열심히 찍었다.

화려한 잔치를 끝내고 뒷정리를 하는데 어머니는 사진사에게 독사진을 다시 한 판 찍으라고 한다. 사람들이 의아해하며 묻자, 고운 모습의 영정 사진을 미리 준비한다고 하신다. 그러자 다른 할머니들도 너도나도 자리에 앉으며 사진을 찍으라고 난리들이다. 나는 그 모습을 보며 눈물이 왈칵 솟아, 딴청을 하며 시선을 돌렸다.

돌아가신 친정아버지는 사진을 무척 좋아하셨다. 50~60년 당시에는 사진이 귀하던 시절이었다. 그래도 무슨 행사만 있으면 우리 식구들은 사진을 찍곤 했나. 어느 날 아버지는 독일제 라이카라는 사진기를 장만하셨고, 어찌나 소중히 여기는지 그것은 종종 어머니와 분쟁의 씨가 되곤 했다. 더욱이 어머니와 우리 식구들은 아버지가 느닷없이 들이대는 사진기에 난처해한 적도 많았다. 그런데 정작 아버지가 갑자기 돌아가셔서 영정 사진을 만들려고 보니 변변한 독사진 한 장이 없어, 조그만 증명사진을 확대해서 만드느라고 애를 먹었다. "대장장이 집에 식칼이 논다."고 했듯이, 정작 본인은 사진 한 장이 없었다.

흔히 사람들은 애착이 가고 아끼는 사진이 한두 장 있다. 나 역시 내 생애 최초의 사진으로 한복을 곱게 입은 어머니 손을 잡고, 3살짜리 아기가 햇빛에 눈이 부신지 얼굴을 찡그리고 있는 사진이 있다. 촌스런 필체로 '불국사에서'라는 글씨가 새겨진 흑백 사진이다.

아버지 덕분에 나는 첫 사진을 비롯하여 다른 많은 사진을 통해 나 개인의 성장 과정을 보았다. 또 가족사와 당시 사회적 배경까지도 엿볼 수 있으며, 빛바랜 사진 한 장으로 아버지의 가족을 사랑하는 마음을 느낄 수 있었다.

나에게는 잊히지 않는 또 한 장의 사진이 있다. 60년대 당시는 중학교부터 시험제도가 있어, 서울 변두리에서 좋은 일류 학교에 진학하기가 어려웠다. 합격하고 자랑스러운 마음으로 처음 정동에 있는 학교에 갔을 때, 교실 복도에 붙어있던 고색이 깃든 유관순 열사의 사진은 14살 어린 나에게는 충격이었다. 삼일절 노래에서나 무심코 불러보던 '누나'였는데, 그 사진을 보니 16살이라고는 상상을 할 수 없는 모습이었다. 일본인들의 고문에 얼굴은 부어 있고, 회색 죄수복을 입은 그 모습은 소녀라기보다 무서웠지만 까만 눈빛은 빛나 보였다. 학교에 다니면서 오가며 그 사진을 볼 때마다 나는 역사의식을 키웠고 인생관에 영향을 받았다. 간혹 힘든 일이 있어 마음이 흔들릴 때면, 내 마음에 굳건한 의지의 표상처럼 각인된 그 사진이 나를 붙잡아 주곤 했다.

호랑이는 가죽을 남기고 사람은 이름을 남겨야 한다는 옛말이 있지만, 사람들은 자신의 성공을 위해 많은 노력을 한다. 성인들이나 위인들은 훌륭한 업적과 사상을 남기지만, 우리같이 보통 사람들은 자신의 존재를 사진으로 남기고 싶어 열심히 찍는다.

옛날 어른들은 사진을 찍으면 혼이 날아가서 수명이 짧아진다고 믿어 꺼렸다는 이야기도 있지만, 요즘 세대들은 사진찍기를 무척 좋아한다. 스티커 즉석 사진 가게라는 신종 업종까지 생겨났다. 길거리에 서 있는 그 기계 속에서 온갖 모양새로 찍은 사진들을 옷이나 가방에 붙이고 다니는 것을 보면, 세상사가 참 많이 변화되었음을 느낀다. 왜 그렇게 많이 찍느냐고 물어보면 아이들은 그 사진을 찍으면 스트레스가 해소되고 순간이나마 스타가 된 것 같다고 한다. 사진 찍기의 또 다른 기능이 생겨난 듯하다.

전쟁고아나 해외로 입양되었던 아이가 부모를 찾기 위해 애쓸 때, 그나마 사진이라도 한 장 가지고 있는 사람들은 그 사진으로 어렵게나마 부모를 찾는 것을 본다. 보도 자료 사진들이 역사적으로 귀중한 역할을 하는 것을 보면 사진의 필요성이 새삼스럽기도 하다. 하지만 요사이는 너무 낭비하는 것 같고, 사진사가 연출하는 대로 찍혀진 결혼사진이나 기념식 사진을 보면 주체성이 없는 것 같아 우스워 보이기도 한다.

내 남편 역시 사진을 좋아해서 어디서건 아무 때나 카메라를 들이대며 필름을 낭비한다. 그 사진 현상하는 값도 만만치 않아서 잔소리하게 된다. 아이들 어릴 때는 사진첩을 정리하고 자주 들여다보기도 했지만, 세월이 지나면서 불어나는 사진들을 보면 이것도 공해지 싶다. 그러나 남편은 사진이 행복했던 시절을 현재로 정지시키는 추억의 보물창고라고 한다. 나중에 늙어 운신하지 못할 때 사진이라도 보면서 지내고 싶다며 하나도 못 버리게 한다. 사진을 그저 한 장의 종이가 아니라 자기 인생의 편린처럼 생각하며 좋아한다.

무슨 일에나 시작과 끝맺음은 중요하다. 하물며 우리 인생에서 시작과 끝맺음은 더 말할 나위가 없다. 요사이는 대부분 아기를 병원에서 분만하므로, 어미 뱃속에서 나오자마자 사진을 찍고 축하한다. 인생이 태어남이 있으면 죽음은 필연적으로 있게 마련이다. 어떤 모습으로 마지막을 맞이할지는 아무도 모른다. 나는 인생의 좋은 날에 영정 사진을 미리 준비하는 어머니를 보며 깊은 뜻을 배웠다.

어머니의 영정 사진은 깔끔한 모습으로 곱게 찍혀 있었다. 나도 나중에 어머니 나이가 되면 어찌 될지 모르겠지만, 고운 모습의 사진으로 자손들에게 웃어주고 싶다.

옛집 이야기

22년을 살던 주택을 팔고 아파트로 이사했다. 결혼생활 30년 만에 도로 전셋집이다. 1983년 처음 과천으로 땅을 사러 왔을 때 신도시답게 한창 아파트들을 짓고 있었다. 그린벨트로 묶인 땅이라고 하지만, 뒷산과 천 평이 넘는 땅에 아름드리 소나무가 마음에 들어 남편은 덜컥 계약했다. 그림 같은 집을 지어 살 궁리만 하며 우리 식구들은 매주 과천으로 소풍을 갔다.

30대 초반이었던 우리 부부는 그린벨트가 어떤 규제가 있는지 어떤 어려움이 있는지도 모른 채, 아파트 생활에 싫증나고 있던 터라 언덕 위의 하얀 집에 대해 상상만 하며 부푼 꿈을 안고 즐거워했다. 그러나 이듬해 공사를 시작하고 보니 예상하지 못했던 돈은 계속 들어가고, 규제에 자꾸 시일은 지나갔다. 그래도 마무리는 지어야겠기에 모자라는 돈을 빌리고 행정상의 어려움은 부모님의 도움으로 해결하며 어찌어찌하며 일 년을 넘게 공사를 해서 그해 겨울 입주했다. 그 당시 이곳은 레미콘도 쓸 수 없는 난공사 지역으로 토목공사와 모든 철골 공사를 등짐을 지어 나르며 건축했다. 15일마다 인부들 품삯으로 나가는 돈은 기하급수적으로 계속 들어갔다. 예상했던 돈보다 배가 넘는 돈이 들었는데도, 유리창 낄 돈이 없었다. 친정아버지가 딸아이 피아노 사주라는 돈으로 비바람을 막고 겨우 입주했다. 그러다 보니 마당의 홍송(紅松)이 좋은 줄도 모르고, 밤꽃의 지저분함에 치를 떨며 한 해 한 해가 지나갔다. 나는 체념하며 시들어 갔고, 3년이 지나서야 무성한 단풍나무와 회화나무를 보며 차츰차츰 안정을 찾았다.

잠 안 오는 밤 거실에서 휘영청 달빛을 받으며 음악을 듣고 있으면, 우주 속 자신의 존재가 춤을 추고 있는 듯 착각이 들었다. 세월은 10년이 흘렀고 그때부터 마당의 제비꽃이 아련하고 대견하여 가슴이 시리고 집이 아름답다고 느껴지니, 아이들은 훌쩍 자라 성인이 되었고, 나무들은 지붕을 넘어 마당 깊은 집이 되었다.

강산이 두 번 바뀌고 모든 것이 적당히 넘어가는 나이가 되자, 살림살이도 대강대강 밀어 넣고 쓰레기도 쌓아놓고 그렇게 살다가, 막상 집을 팔고 나니 낡은 집이 한없이 아까웠다. 그렇게 팔고 싶어 안간힘을 썼건만 번번이 계약이 성사되지 않을 때는 애꿎은 남편을 원망하기도 했다. 지지고 볶으며 힘겨워하던 그 집에서 막상 떠나는 마지막 밤에는 시원함보다 섭섭함에 잠을 이룰 수 없었다.

새로 이사 온 아파트는 44평형이라곤 하지만 실 평수는 34평으로 방 4개와 거실 부엌이 있다. 14년 전에 지은 건물이라 베란다가 좁아 화분을 몇 개 놓고 한쪽에 장독들과 풀지 않은 책 보따리들을 놓으니 그득하다. 겨우 한 사람이 움직일 수 있는 공간이 있을 뿐이다. 그리고 너무 밝다. 아침에 늦잠을 잘 수가 없다. 10월이라 생각도 안 하고 그냥 자다가 모기에게 몇 방을 물렸는지 12층 꼭대기까지 모기가 있다는 사실이 신기롭다. 예전 집에서는 많은 벌레와 같이 살았는데, 특히 귀뚜라미가 많아서 자다가 깜짝깜짝 놀라 일어나곤 했다. 그래도 눈감고도 잡아서 마루로 내다 버리곤 다시 소쩍새 소리를 자장가 삼으며 자곤 했다. 그러나 이곳에선 옆집의 물 흐르는 소리에 깜짝 놀라고 "세탁~ 세탁~." 하는 소리에 적응해야 한다. 저절로 많은 짐을 보면 무엇을 버려야 좀 더 쾌적하게 살 수 있을까 궁리하게 된다. 그러면서도 아파트에 맞는 몇 점의 가구들을 새로 들여 놓았다. 다음번 집은 어디로 가야 할지 정해지지도 않았는데 벌써 걱정이다.

의·식·주 3대 원칙의 테두리 안에서 살면서 필요로 하는 것들은 아주 간단한 것인데도 그놈의 욕심이 세세한 한 부분, 부분에서 걸리고 만다. 어느 물건 하나 소중하고 추억이 깃들지 않은 것이 없으랴마는, 30년 동안 써 온 가계부들, 큰아이의 유치원 합격통지서를 비롯해 남편의 첫 해외출장 선물 등 아깝지 않은 것이 없다. 하지만 과감하게 정리를 하자 하면서도 또 슬그머니 주워담고 있는 남편을 보면서 "그렇게 끌어앉다 보면 당신은 아마 머리에 이고 있어야 할걸." 하며 핀잔을 주지만 어쩔 수가 없는 전후 세대인 남편은 나보다 좀 더 심하다. 이 층 주택에 살던 살림을 평면의 아파트 공간에 집어넣으려고 하니 절대적으로 공간이 부족하다. 이사 오기 전 한 달 전부터 매일매일 버리고 왔는데도 와보니 또 버릴 것이 태산이다. 베란다에 꽉 채워진 남편의 책 상자들과 잡동사니들을 보고 있자니 사람이 일생 살면서 버리는 쓰레기양을 대강만 생각해보아도 숨이 막힌다.

꿈에도 그리던 아파트로 왔건만 생활 동선이 짧아 엄청나게 편할 것 같은 공간이 거기가 거기다. 아무리 내다보아도 앞 동의 베란다의 빨래와 에어컨 실외기들만 보인다. 창문만

열면 시원한 솔바람이 불어오던 옛집이 벌써 그리운 것을 보면 나도 어쩔 수 없이 추억을 먹고 사는 나이가 되었나 보다.

주택에 살 때는 며칠씩 청소를 하지 않아도 티가 나지 않았는데 이상하게도 아파트라는 공간은 조금만 어질러있어도 눈에 거슬린다. 눈 뜨면 신문을 어지럽게 펼쳐놓고 거실을 차지하고 있는 남편의 모습이 거슬린다. 이 층에서 움직이던 아이들이 한 공간에서 왔다 갔다 하는 모습이 분주해 보인다. 조금만 쓰레기가 모여도, 냄새가 나는 것 같고 먹어치운 과일 상자들도 부담스럽다. 나는 그다지 살림을 잘하는 편은 아니지만, 매일매일 치우고 청소하게 된다. 이러다 이 공간에 메어 옴짝달싹 못 하는 것은 아닌가 슬그머니 걱정이기도 하다. 어쨌든 좀 더 살아보아야겠지만, 아파트는 생경하다.

빨래 널러 나가던 뒤뜰에서 불어오던 산바람과 요즘 한참 주워 먹던 알밤들이 그립고, 훤칠한 선비 같던 회화나무와 빨갛게 물든 단풍나무가 벌써 새삼 그립다.

꽃점을 치며

뒤뜰에 빨래를 널러 나가니 갑자기 꽃잎이 후두두 떨어진다. 봄바람답지 않게 싸한 기운이 가슴을 스쳐 간다.

상추 모종을 사러 갔다가 마가렛 꽃 한 판을 사왔다. 커다란 질화분에 가득 심으니 사랑이 우리 거실에 가득 찬 듯하다. 쑥갓같이 생긴 잎사귀에 하얀 꽃이 피어있는 마가렛은 봄에 피는 국화로 청순함의 상징이기도 하다. 꽃말은 '사랑을 점친다, 진실한 사랑, 예언, 비밀을 밝힌다.' 등 여럿이다. 하지만 그중에서도 '사랑을 점친다.'라는 꽃말 때문에 멜로영화를 보면 하얀 꽃잎을 하나씩 떼어내며 '그는 나를 사랑해. 사랑하지 않아.' 하며 점을 치는 꽃으로 유명하다. 생김새는 데이지 꽃과 비슷하지만 주는 느낌은 사뭇 다르다.

흰색과 노란색의 꽃이 피는데 푸른 잎과의 조화가 아주 깔

끔하고 산뜻하다. 작은 꽃잎 하나가 쌀알보다 조금 크지만 열다섯 장에서 삼십 장 내외로 구성되어 겹을 이루고 연이어 꽃을 피우기 때문에 화단에 심어놓고 보면 좋다. 하지만 습기에 민감하고 토양이 건조하면 금방 고개를 축 늘어뜨린다. 늘 관심이 필요한 여자아이들처럼 사랑이 필요하다. 그리고 진딧물이 잘 생겨 세심한 주의도 필요하다.

나는 매년 봄이 되면 이 꽃으로 점을 치며 그 해의 애정운을 보는데 올해는 '사랑해'로 끝이 났다. 반평생을 넘게 살았지만 설레는 마음은 여전하다.

올해는 꽃잎이 스물두 장 되는 그 노란 꽃이 내 눈에 들어왔다. 내 첫사랑도 어느 봄날 그렇게 우연히 다가왔다.

> 눈물은 가슴을 씻어주고 인생의 비밀과 감추어진 것들을
> 이해하게 해 줍니다.
> 눈물은 부서진 가슴을 가진 사람들을 하나로 묶어주는
> 힘이 있습니다.
> 나는 나의 삶에 눈물을 갖기 원합니다. (중략)
>
> —칼릴 지브란 <눈물을 갖기 원합니다>

철없던 시절 나는 가슴 아픈 사랑을 하며 눈물을 사랑했다. 어느 날 새벽 그 아이가 학원으로 찾아왔을 때 콩닥콩닥 뛰

는 가슴을 진정시키느라 말을 할 수 없었다. “너의 사진을 평생 내 침대 머리 위에 붙여 놓을 거야.” <seal with the kiss>라는 노래와 함께 속삭여 주던 그도 사랑은 움직이는 것이기에 떠났다. 그가 떠난 후에야, ‘그것이 사랑이었구나.’ 하고 깨달았다. 지금도 가끔 라디오에서 이 노래가 흘러나오면, 나는 얼굴도 희미해진 첫사랑을 떠올리며 눈물이 핑 돈다. 우리네 인생에서 스치는 인연이란 얼마나 아스라한지 흩날리는 꽃잎처럼 내 마음도 흘러간다. 하염없이 마가렛을 본다.

두물머리 가는 길

매번 가도 양수리 길은 멀미가 나지 않는다. 언제 봐도 강을 끼고 달리는 그 길은 속닥거리는 옛 동무같이 가슴을 아련히 열리게 한다. 눈앞에 보이는 산자락들과 강물에서, 두런거리며 이야기하는 소리가 들리는 듯하다.

만남의 장소에 와보니 선생님들이 벌써 다 모였다. 언제나 씩씩한 S선생, 늘 온화한 K선생, 막내며 멋쟁인 L선생 모두 모였다. 우리들은 방과 후에 중학교에서, 집단 상담을 하는 자원 봉사자들이다. 오늘은 학생들이 중간고사를 보는 덕분에 소풍을 가기로 했다. 운전을 해주는 L선생 덕분에 가는 길이 즐겁다. 다들 비슷한 나이지만 우리는 연신 초등학생들처럼 웃으며 재잘거린다.

우리는 다산(茶山) 정약용 생가로 길을 잡았다. 먼저 뒷산다산의 묘에 올라가니 백합꽃 한 다발이 우리를 맞는다. 나중에 설명을 들으니 며칠 전이 기일이었다고 한다. 나는 마음속으로 큰절을 올린다. 잠시 그분을 기리고 있자니 나를 내려다보는 듯하다. 여유당(與猶堂)에 다다르니 이름이 예사롭지 않아 물어보니 "겨울에 시내를 건너는 것처럼 신중하게 하고(與), 사방에서 나를 엿보는 것을 두려워하듯 경계하라(猶)."는 노자의 말에서 따온 것으로 선생이 자신의 본성을 알고 약으로 삼기 위해 문 위 중방에 써 붙였다는 것이다.

기념관에서 선생의 업적과 저술한 책, 그림, 시들을 보고 있자니 막연하게 알고 있던 역사적 지식이 부끄럽다. 18년의 유배생활과 그분의 발자취를 따라 걸으니 새삼 고귀한 숨결이 느껴지는 것 같다. 이조 최고의 문사였던 선생은 500여 권이 넘는 책을 저술하였다. 《목민심서》 정도만 알고 있던 나는 그분의 방대한 학문 세계에 입을 다물 수가 없었다. 선생은 평균 한 달에 한 권 이상을 저술했으며, 오랜 저술 활동으로 엉덩이에 종창이 났는데도 선 채로 선반 위에 필묵을 올려놓고 집필했다고 한다. 평소에 책을 좋아하고 서화를 좋아하던 나는 묵향에 흠뻑 취해 한시(漢詩) 한 구절을 읽으며 선생의 삶을 생각하니 감동으로 가슴이 물결친다.

점심을 먹고 강가에 앉아 강물 소리를 들으며 나는 여러 가지 생각을 한다. 그동안 내가 추구했던 삶과 그리고 내가 앞으로 걸어야 할 길. 내가 소중하게 아끼는 것들…. 갑자기 바람이 부는지 물빛이 달라진다. 평화스러운 한 폭의 동양화 같던 풍경이 한 가닥의 바람으로 물빛은 속을 알 수 없는 여인같이 진한 비취색을 띤다. 깊은 강물 속에서 무엇이 소용돌이치는지 순간 수면이 회오리친다. 수시로 변하는 우리들 마음처럼 강물은 알 수 없이 흔들린다.

약속은 없었지만 다들 집에서 준비해온 과일과 차로 조촐한 상이 차려졌다. 차를 마시며 S선생이 우스갯소리라며 요즘 젊은 사람들 흉을 본다. 어느 모임에서 소풍을 가면서 젊은이한테 과일을 준비하라고 시켰더니 과도만 달랑 들고 와서는 길가에서 개구리참외를 지천으로 팔고 있으니 걱정이 없다고 하더란다. 그런데 가서 보니 두 개에 만 원, 한 개는 육천 원이라 하니 그는 당연한 듯이 한 개만 달랑 사서 한 조각씩 나누어 먹었다며, 그 후 참외만 보면 그 생각이 난다고 우리를 웃긴다. 까르르 웃는 우리를 보고 지나가는 사람들이 무슨 일인지도 모르면서 같이 웃으며 지나간다.

늘 사심 없이 사는 봉사자들이라서 어느 때 만나도 따뜻함을 느낀다. "인생을 행복하게 살려면 먼저 남에게 주는 것을 배워야 한다."는 말이 있듯이, 그런 사람들 옆에 있으니 덩달아 나도 행복해지는 것 같다.

즐거운 마음으로 우리는 인근에 있는 운길산 수종사(水鍾寺)로 향한다. 올라가는 길이 차가 오르기에는 버거워 보였지만 우리들은 가슴을 조마조마하며 산길을 오른다. 급기야 차 엔진에서 무언지 타는 듯한 냄새가 난다. 놀라서 얼른 차에서 내렸다. 차를 중간에 세워두고 천천히 산길을 올라 입구에 다다르니 청명한 목탁 소리와 거대한 주목나무가 우리를 맞는다. 울창한 송림 사이를 걸으니, 마치 속세가 아닌 딴 세상에 온 듯하다.

동방 사찰 중 제일의 전망이라는 소문답게 눈앞에 펼쳐지는 풍경이 놀랍다. 내려다보이는 산자락과 두 강이 합쳐지는 두물머리의 정경이 발아래에서 펼쳐진다. 두물머리란 북한강과 남한강이 합쳐지는 곳으로 양수리의 옛 이름이라 한다. 서울 시민의 젖줄인 한강의 모습이 새삼 거대하게 느껴진다. 어느 날 세조가 몹쓸 병이 걸려 전국의 사찰을 돌아다니며 기도를 하던 중 금강산을 유람하고 돌아가다 양수리에 머물렀다고 한다. 그 날 밤 은은한 종소리가 들려 다음날 소리를 찾아와보니, 토굴에서 십육 나한을 발견했고, 종소리는 토굴에 떨어지는 석간수의 공명(共鳴) 소리였다. 그리하여 그곳에 절을 짓고 수종사라 명했다고 한다.

절은 이름처럼 은은하고 소담하다. 그리고 삼정헌의 젊은 스님이 끓여 주시는 차 한 잔에 우리의 마음은 더욱 행복하다. 이곳을 찾는 모든 이들에게 무료로 보시하며, 부처 마음을 몸소 실천하는 모습에 한 번 더 나눔에 대해 생각해본다. 스님의 맑은 얼굴에 비친 내 욕심이 무색하다.

행복이란 멀리 있는 것이 아니고 마음속에 있다고 해도 깊이를 알 수 없는 수심처럼 보이지 않으니 중생들은 헤매며 찾는지도 모르겠다. 내 생각에는 행복이란 각자 자신만이 느끼는 것으로 생각한다. 그래서 감각을 수련해야 행복해지는 것 같다.

마음속 깊은 곳을 가만히 들여다보면 강물이 만나고 헤어질 때 두런대듯이 소리가 들린다. 세조가 종소리를 찾아 부처를 만났듯이 나는 강물의 소리를 들으며 행복감을 만난다.

돌아오는 강변도로는 퇴근 시간이 가까워져 오니 벌써 막히고 있다. 어디로 가는지 많은 차가 오가고 있다. 한 차선만 가면 빠를 텐데 끼어들면서 경적을 울려대는 차들을 보니 다시 세상으로 돌아온 듯하다.

수화를 배우며

보통 사람들이 사는 모습은 그들이 알고 있는 만큼 보면서 살아간다고 한다. 그래서 배움이 중요하고 죽을 때까지 배워야 한다고 하지만 사람들은 그냥 살고 있다. 나는 유난히 호기심이 많고 무엇인가를 새로 배우는 것을 좋아해, 그동안 이것저것 많이 배우러 다녔다. 그래도 아직 배울 것은 많아 매년 도전하는 계획을 세운다. 그때마다 새로운 분야를 알게 된다는 설렘과 어떤 선생님과 학우들을 만날까 하는 궁금증에, 나는 사뭇 가슴 두근거리는 초등학생처럼 되곤 한다.

얼마 전 나는 건강검진을 하다가 우연히 성대에 종양이 있다는 진단을 받았다. 다행히 양성이고 아직은 걱정할 정도는 아니라고는 하지만, 오래 이야기하거나 큰소리로 장시간 떠들고 난 후에는 목소리에 이상이 나타남을 느낀다. 어쩔 수 없이 이야기를 많이 하지 않으려고 노력하게 되었다. 원래 음성이 가늘고 높은 편이라 어쩌다 감정이 격양되면 피곤함을 느끼지만 요사이는 많이 힘들다. 전날 많은 이야기를 했거나 몸이 피곤한 날은, 아침에 일어나면 목소리가 잠겨 감기 걸린 소리가 나오니 불편하다.

그러다 보니 '사랑의 전화' 상담 봉사 다니던 것을 자연히 그만두게 되었다. 열성을 다해 다녔던 일이라 처음에는 매주 월요일 그 시간만 되면 누군가 나를 기다릴 것만 같아 안절부절못했는데, 몇 달이 지나자 차차 안정되었다. 그러다 생각해 낸 게 수화를 배우는 것이었다.

초급 수화반 선생님은 상상하던 농아가 아니라 건청인이었다. 30대 초반쯤으로 미혼으로 보였는데 두 아이의 엄마란다. 학우들도 한 스무 명이 모였는데 다들 대학생이거나 젊은 주부들이다. 이제는 어느 모임에 가도 제일 연장자거나 형님 대우를 받으니 서글프면서도 책임감을 느낀다. 소개가 끝나고 선생님의 첫 질문은 "왜 수화를 배우실 생각을 하셨나요?" 하는 것이다. 여러 대답이 나왔지만, 대부분은 봉사를 하고 싶다는 것이다. 나는 그들의 말을 들으며 역시 세상은 살만하고, 구석구석에서 열심히 생활하는 사람들을 만난 기쁨에 더욱 친근감이 들었다.

우리가 일반적으로 알고 있는 수화란 농아들의 손짓 발짓 정도로 생각한다. 그러나 장애인에 대한 관심도가 높아지면서 비로소 하나의 언어로 알게 되었다.

1930년 일제하의 재생원에서 처음 농아교육이 시작되었고 1963년 최초로 수화 책이 나왔다고 한다. 그러니 우리나라에 약 35만 명의 농아들이 살고 있다고 하는 데 그들이 겪었을 고통과 불이익이란 이루 말할 수가 없을 것이다. 그래서 요즈음은 수화도 하나의 언어로 구분하여 수어라는 말이 생겼다.

수어(手語)란 청각 장애인들이 손으로 하는 언어다 그러다 보니 의미전달이 중요하고 감정에 따른 표현과 제스처가 중요하다. 그러므로 고정관념을 버려야 빨리 배운다고 한다. 수어는 지화(指話), 수화(手話)가 있는데 손으로 표현하는데 알맞은 표현이 없을 때 지화를 사용한다. 그러다 보니 한 가지 수화가 여러 가지 뜻으로 사용되며 존대어 조사가 없다. 만국공통어로 알았는데 그 속에도 사투리와 은어, 속어도 있으며 나라마다 지역 간 언어도 다르다고 한다. 알고 보니 무한한 세계가 그곳에도 있었다.

이십 년 동안 수화를 했다는 B선생을 보니 젊은 사람이 새삼스럽고 대단해 보인다. 우리 건청인은 알지 못했던 그들만의 문화와 생활상을 재미난 표정과 몸짓으로 알려주고 표현하는 B선생을 보며, 농아 인들과 우리 사이의 장벽을 새삼 느낄 수 있었다. 그들이 볼 때는 굳어진 손과 어색한 표정으로 어정쩡하게 움직이는 우리가 장애인이 아닐까 하는 생각이 들었다. 장벽을 무너뜨리는 것이 얼마나 힘든 것인지 다시 한 번 생각하는 시간이었다.

수어를 배우면서 그들을 만나 이야기를 해보니, 내가 얼마나 많은 편견과 아성(牙城) 속에서 살아왔는지, 그들의 표현의 진실함에 많은 것을 느낀다. 예를 들면 고아란 '길에 누워 있는 사람'으로 '그립다'라는 말은 '눈 옆에서 손가락으로 물결이 흐르는 모양'을 하는 등이다. 그래서 사람은 죽을 때까지 배워야 하나 보다. 나는 모든 선생님을 존경하지만 내 일생에서 B선생을 만난 것을 두고두고 잊지 못할 것이다.

소리를 잃고도 아름다운 음악을 작곡한 베토벤처럼, 상상 저편의 세상 속에는 그들만의 아름다움이 있었다. 나 역시 목소리를 잃는 것은 아닐까 하고 걱정을 했더니 또 다른 만남이 준비되어 있었다.

어제까지는 TV에서 청각 장애인을 위한 수화 통역자의 몸짓이 보이지 않더니, 오늘은 띄엄띄엄 한 단어씩 눈에 들어오는 것을 보니 정말 세상은 아는 만큼 보인다는 말이 맞는 것 같다.

나는 거울을 보며 한글 지화와 지숫자 연습을 한다. 웃는 모습 놀란 표정 등 팬터마임 배우처럼 열심히 움직여본다.

논개의 눈물

주민자치 박람회를 참관하러 진주에 다녀왔다. '진주라 천리 길'이라고 해서 막연히 온종일 걸릴 것으로 생각했는데 과천을 떠난 지 5시간 만에 도착했다. 천년고도의 도시답게 진주는 상상했던 대로 아름다웠다.

진주 시청에서 하는 박람회에는 전국에서 온 사람들로 북적여 제대로 설명을 들을 수 없어 안타까웠지만, 나누어 주는 안내 책자로 아쉬운 마음을 대신했다. 우리들은 한 시간 남짓한 견학으로 일정을 마감하고 진주성으로 향했다.

진주성은 밖에서 보는 것보다 들어가 보니 넓고 조경이 잘 되어 있었으며 단풍이 들기 시작하는 고목들이 아름다웠다. 촉석루에 앉아 내려다보는 남강은 서울의 한강보다는 폭이 좁아 보였지만 물색이 검은 것이 깊어 보인다.

논개가 왜장을 안고 떨어졌다는 의암을 눈앞에 보며 그녀의 눈물을 생각한다. 1593년 당시 나이 19세인 논개는 남편 최경희 의병장의 원수를 갚고 국치를 설욕하고자 관기로 위장하고 왜장을 유인해 남강에 투신한다. 그녀는 가슴으로는 피눈물을 흘리며 떨어질 때 손이 풀리지 말라고 열 손가락에 가락지를 끼고, 입가에 미소를 지으며 왜장 게야무라 로꾸스께를 껴안고 순절한다.

사백 년 전의 연약한 한 여인이 제 몸을 불살라서 주변을 밝히는 등불처럼 인애와 충열 정신으로 나라를 걱정하고 지아비를 사랑하여 이렇게 한 송이 꽃으로 피어났다. 진주 박물관 내에 있는 그녀의 초상화를 보니 앙다문 붉은 입술에서 기개가 느껴진다. 그녀를 보니 새삼 옷깃을 여미게 되며 나약하고 이기심 많은 나 자신이 부끄러워진다.

우리들은 저녁을 먹고 다시 남강으로 나갔다. 마침 남강 유등축제 기간이라 촉석루 맞은편 망경동 남강 둔치에는 소망을 적은 등불들이 밝혀져 있고 사람들은 남강을 가로지르는 부교를 건너며 강물에 띄워진 아름다운 형용 색색의 등불들을 보며 각자의 소원을 빈다.

남강의 유등놀이는 우리 겨레의 최대 수난기였던 임진왜란의 진주성 전투에서 기원한다. 군사 신호로 풍등(風燈)을 하늘에 올려 횃불과 함께 남강에 등불을 띄워 왜군을 저지하는 군사 전술로 쓰였으며, 진주성 내에 있는 병사들과 사민(士民)들이 가족에게 안부를 전하는 통신 수단으로 이용한 것에서 비롯되었다. 예로부터 통한의 '계사순의'에 순결한 7만 병사의 얼과 넋을 기리는 행사로 세세연년 면면히 이어져 오고 있지만, 현재는 가정의 건강과 행복을 비는 등불, 부모님의 만수무강을 기원하는 등불, 수험생의 합격을 비는 등불들을 밝히고 있다.

오늘 진주 성곽을 따라 비추는 불빛들은 색색이 빛나고 교교히 비추는 상현달 빛이 이 강물에 흐르고 있다. 천수교 다리 아래 검은 강물은 소리 없이 요동치지만, 건배를 외치는 사람들의 술잔에 가을밤은 깊어가고, 강물에 비추는 달빛에 사람들의 가슴에는 사랑이 녹아내리고 있다.

풍물시장에서 울려 퍼지는 노랫가락에 사람들은 현실의 시름을 잊고 어깨춤을 들썩거리지만, 내일이 되면 각자의 자리에서 본분을 다할 것이다. 각 지역을 사랑하는 주민 자치위원들과 공무원들이 다들 논개의 양귀비꽃보다 붉은 그 마음을 생각한다면 지역 도시들은 더욱 살기 좋은 마을이 될 것 같다. 전해오는 말처럼 '북 평양, 남 진주'의 명성답게 진주는 우리의 얼이 살아 숨 쉬는 아름다운 도시로 가슴에 새겨진다. 그리고 논개를 생각하며 여성의 힘을 다시금 느낀 여정이었다.

집 속의 집

사람이 살아가는데 가장 기본적인 것이 의·식·주다. 배불리 맛있는 음식을 먹고 좋은 옷 입고 등 따뜻하게 누울 집이 있으면 우리는 기본적으로 행복감을 느낀다. 그중에 어느 것에 중점을 두고 살아가는 것은 각자의 선택이다. 남편은 먹는 음식과 집이 중요한 사람이고, 나는 내 공간과 옷, 그리고 사람들이 중요한 사람이다.

1970, 80년도에는 재산 증식의 수단으로 집을 이용하기도 했으며, 지금도 집 한 칸에 대한 사람들의 소망은 여전하다. 하지만 이제는 넓은 평수의 아파트는 안 팔려서 아파트를 나누어 두어 세대로 만들고 있다. 40평대 아파트보다 20평대 아파트가 인기다. 청소도 하기 쉽고 관리비도 절감하고 핵가족 한 세대에 적합하기 때문이다.

얼마 전 서도호 씨의 <집 속의 집>이라는 전시회를 보았다. 죽기 전에 꼭 보아야 할 전시로, 이야기될 만큼 대단한 작품들이었다. 그의 작품 <서울집>은 공간에 떠 있었는데, 집을 단순히 머물고 잠을 자는 공간이 아니라 다른 의미를 부여하고 있었다. 어릴 때 살았던 성북동 한옥, 그 집을 옥색 은조사로 곱게 지은 작품이다. 문고리 하나 문창살까지 그대로 재연한 그 작품은 실체인지 꿈결인지 정교하면서도 아스라한 무엇이 우리의 감성을 자극하고 있었다. 과거의 집은 공중에 띄워 놓았고 뉴욕과 베를린에서 살던 집들은 바닥에 설치되어 있었다. 그의 놀라운 상상력과 창의성은 세계를 놀라게 하였으며 휘트니, 모리, 서맨타안 갤러리에서 전시를 했다고 한다. 그는 상상 속에서 서울에서 미국까지 다리를 놓아 자기가 살던 '서울집'을 가져오고 싶어 했으며, 실제로 작품화하여 한옥을 전시했다. 스케치한 수많은 그림을 보니 펜이나 물감으로 그린 것이 아니라 한지에 실로 한 땀 한 땀 바느질을 한 것이었다.

"집을 떠나는 경험이야말로 내가 처음으로 집이라는 것 그 자체, 개념에 대해 생각하고 인식하게 해주었다. 집은 대체 어디에 그리고 언제 존재하는가? 끊임없이 돌아다니며 문화들 사이를 오가며 나는 모든 곳이 내 집이면서도 그 어느 곳도 내 집이 아니라는 생각을 하며 작품을 만들었다."라고 이야기한다. 자신의 정체성을 집이라는 매개체를 이용하여 한 땀 한 땀 바느질하는 작가, 그의 그리움을 섬세함과 창의성으로 작품화한 것에 거의 넋을 잃고 입을 다물지 못했다

전시회를 보고 집으로 돌아오는 길에 나 역시 가슴속에 떠오르는 집이 있었다. 내 유년기를 보낸 그 집— 돈암동 전차 종점에 있던 40평 남짓한 기역 형태의 일본식 집이다. 5살부터 20살까지 15년을 살았으니 일생의 4분의 1을 살았던 곳이다. 부모님의 불화 속에서 많은 형제와 병약했던 어린 시절, 나는 그 집에서 행복하지 않았다. 순수하고 아름다운 시절이었지만 지금도 가끔 꿈속에서 그 집과 골목들을 헤매고 다닌다. 이상하게도 짧고 슬픈 기억뿐이다.

육십 년을 살면서 많은 집을 전전하며 살았다. 결혼 직후 전셋집을 구하러 돌아다니다 딸아이를 조산하기도 했지만 비교적 일찍 집 장만을 한 편이다. 전원주택을 꿈꾸던 남편 덕분에 삼십 대 초반에 주택을 직접 지었다. 아무것도 모르면서 젊은 혈기에 무작정 시작한 집은 일 년을 넘어서야 완성할 수 있었다.

벽돌과 철근, 흙으로 이루어진 콘크리트 건물인 그 집에 처음으로 이사 가던 날 우리 식구들은 생기를 불어넣고 그 집

의 역사가 되었다

설계해 준 도면보다 무조건 큰방과 창문을 고집하던 남편은 어릴 때 작은집에서 자랐던 기억 때문에 그리했었고, 나는 동생과 같이 방을 써서 나만의 공간, 즉 내 방에 대한 환상이 있었다. 내 방을 정하고 책상을 들여놓고 글쓰기를 시작하던 날을 지금도 잊을 수가 없다. 그 집에서 21년을 살며 아이들을 키웠고 중년의 아줌마가 되었다. 잠이 안 오는 날이면 나는 거실의 큰 창을 통해 들어오는 달빛을 맞으며 음악을 들었고, 비 오는 날에는 나뭇잎에 떨어지는 낙숫물소리가 듣기 좋았다. 하지만 마당의 잡초와 벌레들과의 전쟁, 뒷산의 소나무와 밤나무 단풍나무의 낙엽에 소진해가는 나를 보며 세월을 보냈다. 그 집에서 아이들을 키우며 조건 없는 사랑을 배웠고 친정아버지를 저 세상으로 보내드렸다. 하지만 결혼생활의 무의미함에 지쳐서, 잃어버렸던 꿈들을 찾으며 방황하기도 했다.

서도호 씨는 자신을 문화유목민이라고 부르며 동서양의 문화적 충격으로 거대한 작품들을 만든다고 한다. 그는 모든 곳이 자기 집이면서도 또 그 어느 곳도 내 집이 아니라고 한다. 나 역시 집은 삶의 안식처며 뿌리라고 생각한다. 이곳저곳 아파트와 주택을 오가며 살아오면서 나는 그 집들을 부의 상징으로 생각하지 않았으며, 집에 대한 소유권과 인테리어에 대해 생각해 보지 않았다. 나는 다만 내 공간이 필요했으며 나를 둘러싸고 있는 모든 관계들, 상황들, 사람이 중요했다.

그러나 집의 평수와 관계없이 넓고 좁던, 아니 이층집인지 단층집인지가 중요한 것은 아니고, 그 속에 이야기가 있고 따뜻함이 있느냐가 중요한 것 같다. 서도호 씨의 전시회 제목이 HOUSE가 아니고 <HOME WITH IN HOME>이었듯이….

밖에서 힘들 때 힘이 되어주는 존재, 식구들이 같이 밥을 먹으며 대화가 있고 휴식이 있고 사랑이 있는 곳 바로 그 집이다.

못다 부른 노래

어릴 때 외삼촌이 학교를 우리 집에서 다녔다. 외삼촌이 노래를 좋아해서 우리에게 노래를 가르쳐주었고 늘 부르곤 했다. 그 당시에는 화장실이 지금같지 않았다. 일본식 주택이었던 우리 집의 화장실은 깊고 음침해서, 나는 볼일을 볼 때마다 외삼촌에게 배운 노래를 큰소리로 불렀다. 한참을 부르다 보면 무서움도 없어지고 시간이 얼른 가서 나의 버릇이 되어 버렸다.

당시 외가는 부산에 있어서 방학 때면 외삼촌이랑 기차를 타고 할아버지를 보러 가곤 했다. 그때마다 나는 기차간에서 노래를 불러 주위 사람들에게 알사탕이며 달걀 등을 얻어먹기도 했다. "잘한다."는 소리에 부끄럼도 없이 아무 데서나 장판을 벌이곤 했었다. 주로 <오빠 생각>, <반달>, <해당화>

같은 동요들이었다.

50년대 말 초등학교에 들어가자 나는 처음으로 H라는 친구를 사귀어 그 집에 자주 놀러 가게 되었다. 그 집에는 아기를 못 낳는 이유로 시집에서 쫓겨난 큰언니가 있었다. 언니는 자기 동생보다 나를 더 예뻐하며 <동심초>라는 노래를 가르쳐 주었다. "꽃잎은 하염없이 바람에 날리고 만날 날은…." 나는 언니가 좋아서 뜻도 모른 채 그 노래를 구슬프게 부르고 다녔다. 그러면서 당시 유행했던 노래들을 많이 배웠다. <찔레꽃>, <청실홍실>, <댄서의 순정> 등. 체구가 작았던 나는 불 파마로 머리를 보글보글 볶고 알록달록한 꽃무늬 원피스를 입고 순정영화의 주인공인 양, 슬픈 표정을 지으며 노래를 부르면 사람들은 모두 다 잘한다며 손뼉을 치곤 했다.

그러다 중학교에 들어가면서 많은 가곡을 배우게 되었다. <보리수>, <동무 생각>, <목련화> 등 그러나 사춘기를 맞은 나는 부끄럼을 알게 되었고, 남 앞에서 노래를 부를 때면 가슴이 두근거리고 얼굴이 빨개지면서 부를 수가 없게 되었다. 점점 노래 부르기가 싫어지면서 입속으로만 웅얼거리게 되었다. 노래를 부르지 않게 되자 성격까지 내성적으로 변하면서 책 속에 빠져들었다. 그러면서 노래와 멀어지고 말았다. 주로 음악은 듣는 감상족이 되었다. 그렇지만 혼자 산책할 때

나 심심하면 나도 모르게 노랫가락을 흥얼거리고 있거나 큰 소리로 노래를 부르곤 했다.

나이가 들자 모임이 많아졌다. 가무를 즐겼던 민족성 때문인지 어느 모임에든지 노래 부르기를 강요한다. 애창곡 한 곡은 준비해야지 안 부르면 분위기를 망치는 바보가 되고 민망스러움에 곤란을 겪기도 한다, 그러자 '노래교실'이 여기저기 생겨났고 '노래방'이라는 신종 오락업소도 지천으로 생겼다. 그래서 나도 그곳에 가 보았다. 노래교실에서는 요사이 유행하는 신곡과 흘러간 옛 노래들을 가르쳐 주는데 노래 부르는 동안 흥을 돋우려는 강사 선생들의 선정적인 몸짓과 'Y담'인 요설이 듣기 민망해서 가기 싫어졌고, 노래방 시설은 주로 지하에 있어 공기가 탁하고 번쩍거리는 조명이 부담스러워 잘 가지 않게 된다.

음악의 신 뮤즈(muse)라는 말 속에는 '묵상하다'라는 뜻이 있는 것을 보면 확실히 음악은 들으며 많은 생각을 하게 된다. 오늘날 정신과에서는 마음을 치료하는 기능이 있어 음악치료요법을 쓰고 있다고 한다.

반만년 역사 속에서 90여 차례의 외세의 침략과 모진 역경과 시련 속에서 지금까지 살아남은 우리 겨레의 힘은 예술을 사랑하고 노래를 즐겨 부르는 민족성 때문이라고 한다.

세르반테스는 "음악이 있는 곳에는 악(惡)이 존재하지 않는다."고 했다. 나도 요사이 열심히 노래를 부르려고 한다. 신이 내린 목소리인 S성악가의 노래를 듣다가 나도 모르게 눈물을 흘린 적이 있다. 분명 음악에는 함께 공유하며 사람들을 변하여 철학 하게 만드는 힘이 있는 것 같다.

얼마 전에 <사랑을 위하여>란 노래를 들었는데 노랫말이 가슴에 와 닿아 즐겨 부른다. "하루를 살아도 행복할 수 있다면, 나는 그 길을 택하고 싶다. 세상이 우리를 힘들게 하여도 우리들은 변하지 않아…."

오늘도 산길을 오르며 <사랑을 위하여>를 흥얼거리며 마음의 평심(平心)을 얻는다.

제야의 종소리

무심코 달력을 보니 달랑 한 장이 남았다. 거리에는 크리스마스트리 장식을 한 나무들이 꿈같은 불꽃을 피우고, 구세군의 자선냄비 종소리가 우리의 따뜻한 손길을 기다린다. 매번 느끼는 감정이지만 '벌써?' 하는 마음과 '에이?' 하는 아쉬운 마음이 교차한다.

지난봄 프라하에 갔을 때 천문 시계탑을 구경하며 그에 대한 전설을 들었다. 이 시계는 15세기경 카렐대학 교수 하스주가 만들었는데 그것을 보고 다른 국가와 도시에서도 똑같은 것을 만들어 달라는 주문이 쇄도했다. 그러나 이 시계를 독점하고 싶었던 프라하시청에서는 다시는 똑같은 시계를 만들 수 없게 교수를 장님으로 만들어 버렸다. 비통함에 젖은 교수는 자신의 작품을 다시 한 번 만져보기 위해 시계탑에 올라가 손을 대자 시계는 그대로 멈춰 400년 이상 조금도 움직이지 않았다는 이야기가 전해온다. 그러나 1860년부터는 하루도 쉬지 않고 움직이고 있다고 한다.

시계는 매시 정각에 "땡땡." 하는 소리에 맞춰 두 개의 원반 위에 있는 천사 조각상 양옆 창문이 열리고 12사도의 인형들이 나타난다. 사람들은 아름다운 시계 종소리를 듣기 위해 매시간 모여 15세기의 삶의 모습들(죽음의 해골, 헛된 치장, 타락의 터키인, 유대인의 욕심)이 조각된 시계를 바라보며 인간의 양면성을 보는 것 같아 아름답지만 슬픔을 느낀다. 나는 많은 관광객과 그 시계를 올려다보면서 문득 장엄하지만 애달픈 전설을 담고 있는 우리의 성덕대왕신종(에밀레종)이 생각났다.

에밀레종은 신라 제35대 경덕왕이 돌아가신 아버지 성덕왕의 명복을 빌기 위해 만든 종으로 30년에 걸쳐 그의 아들 혜공왕(771년)이 완성했다. 구리 12만 근(72t)이 들었고 무게가 무려 18.9톤이나 나가는 이 종은 봉덕사에 있다. '봉덕사종'으로 불리기도 하고 펄펄 끓는 쇳물에 어린아이를 넣어 만들었다는 전설과 종소리가 '에밀레, 에밀레.' 한다고 에밀레종이라고 불린다.

매년 12월 31일 자정이 되면 제야의 종이 울린다. 텔레비전에서는 이것을 생중계하는데 항시 보신각종(복제품)부터 먼저 보여주고 뒤이어 에밀레종의 타종을 중계한다. 아무리 소리에 둔한 사람이라도 그 차이가 무엇인지는 금방 알아차릴 수 있다. 복제품은 쇳소리가 나고 진짜는 명문에 쓰인 대로 장중한 소리가 난다.

시대 정신이 퇴락하면 다시는 그 정신이 되돌아오지 못하는 것처럼 컴퓨터와 로켓은 만들어도 완전한 에밀레 종소리는 복원할 수 없었다고 한다. 과학 기술이 극도로 발달한 20세기에 왜 1200년 전 기술을 따라잡지 못했을까? 그것은 단 한 가지 제작하는 마음 자세와 그 혼에 있다고 본다. 복제품은 겉껍질만 흉내 내기에 급급했지 정작 중요한 종소리에는 무신경했다는 것이다. 더욱 안타까운 것은 그 종소리를 올해까지만 들을 수 있다는 것이다. 월산 스님의 말을 빌리면 “종은 쳐야 녹슬지 않는다.”고 했는데 보존을 위해 모셔둔다고 하니 정말 박물관의 유물이 되어버릴 것 같다

에밀레종 몸체에 새겨져 있는 1천여 자의 명문에는 “무릇 심오한 진리는 가시적인 형상 이외의 것도 포함하나니 눈으로 보면서도 알지 못하며 진리의 소리가 천지간에 진동하여도 그 메아리의 근본을 알지 못한다….”라고 새겨져 있다. 종소리는 곧 진리의 원음이다.

내년에는 더욱 경제가 어렵다고 한다. 성장률이 5%에서

4%로…. 숫자보다는 피부로 느껴지는 상대적 박탈감이 더 클 것 같다. 콩 반쪽도 나누어 먹고 백지장도 맞잡아야 낫다는 속담을 가슴에 새기어 슬기롭게 이 난국을 헤쳐나가야 한다.

만물을 깨우는 진리의 종소리가 온 누리에 울린다. 우리는 화해와 용서를 그리고 감사와 축복을 기원하며 모두의 소원을 하늘로 올려보낸다.

5.

사그막골 이야기

바로 옆의 과수원에서 풍겨오는 배꽃 향기를 맡으며 마시는 한 잔의 술이나 차는 더욱 깊은 맛을 내며 정을 나눌 수 있어서 좋다. 마을 입구를 지키는 느티나무는 굳건한 기상으로 푸른 잎을 펼치며 그늘을 내어주고 우리를 품는다. 이사온 지 10년이 되어서야 나는 사그막골의 주민이 되었고 이곳의 이야기를 들어주게 되었다.

그때, 그리고 지금

눈꽃송이는 바람에 날리고

된장과 가시

미아리에나 가볼까

봄날은 간다

사그막골 이야기

산에는 꽃이 피네

흐르는 저 강물 속에는

보름달처럼

이제는 행복해질 시간이다

그때, 그리고 지금

며칠 전 남편은 출장을 갔고 아이들도 모두 수련회를 떠났다. 철창 속의 새처럼 늘 자유를 갈구했던 나는 정작 남편과 아이들이 없는 오늘 아침, 이 자유를 어찌할 줄 모른다. 아침의 분주함이 없어진 이 순간, 이불 속에서 편안함과 동시에 막막함을 느낀다.

"엄마도 여행 다녀오세요." 딸아이는 활짝 웃으며 차에 올랐다. 보내는 마음은 늘 아쉬움을 남긴다. 뒤치다꺼리가 귀찮을 때도 있지만, 주부는 가족들 속에서 편안함을 느끼나 보다. 나는 그동안 할 일이 있다는 것과 나의 손길이 필요한 사람들이 있다는 것에 보람을 느끼며 살아왔다. 혼자서 여행을 떠나볼까 생각을 해 보지만 아직은 자신이 없다.

절실하게 여행이 가고 싶어서 남편이 "항공회사에 다니니 여행은 실컷 할 수 있다."는 그 말에 두말없이 무조건 결혼을 승낙했다. 완고한 집안의 맏딸로 모범을 강요당했던 그 시절에는 여행이란 수학여행이 고작이었다

결혼식을 마치고 신혼여행을 제주도로 떠나며 비행기에 올라탄 순간 정말 좋아서, 부모님은 까맣게 잊어버렸다. 3박 4일 동안 전화를 한 번도 안 해서 돌아와서 혼이 난 기억이 있다. 아이들 키우며 정신이 없을 때도 갓난아이를 친정에 맡겨 놓고 둘이서만 제주도로 날아간 적도 많았다.

남편 역시 출장이 잦은 일 관계로 세계를 누비고 다녔고 여러 나라에서 보내온 엽서와 편지들은 나를 설레게 했고, 선물들은 작은 기쁨이었다. 그러면서 나는 빨리 아이들을 다 키워 놓고 여행 가야지 하는 생각에 지도책을 들여다보는 재미로 살았다. 결혼 20주년 우리는 미국 여행을 다녀왔다. 10일 동안 서부 지역을 관광하며 대자연을 보았고 만나고 싶었던 친구들과 친지들과의 상봉은 또 하나의 재미였다. 10일 동안 남편은 내가 불편하지 않게 모든 것을 보살펴 주었고 내 친구들과 친지들에게도 친절하고 스미트하게 행동했다. 여행 내내 우리는 행복하고 즐거웠다.

여행은 언제나 가기 전에 계획을 세우고 지도책을 보며 상상할 때가 가장 좋은 것 같다. 실제로 가서 보면 실망한 곳도

많이 있고 또 마음이 맞지 않아서 같이 간 남편과 싸운 적도 많았다. 여행하는 그 순간도 꿈같이 좋았지만, 다녀온 후 그곳에 있던 일들을 떠올리며 그때의 기분을 되살리면, 묘한 그리움과 행복감이 맛있는 로제와인을 한 잔 마신 것 같은 아련함이 들어서 더 즐거웠다.

결혼 40주년, 가고 싶었던 터키를 여행했다. 오랜만에 남편과 둘이서만 하는 여행이고 일정이 버스를 타는 구간이 많아서 그랬는지, 역시 생각한 만큼 힘들었다. 동서양의 문화를 모두 체험할 수 있는 터키는 모든 역사 문화 종교 자연유산의 집합체다. 다양한 문명이 만나 새로운 문명을 탄생시킨 문명의 요람답게 거대한 땅과 자연의 신비는 인류 유산의 보고며 시간의 박물관처럼 보였다

터키의 대표 온천지인 파묵칼레로 장장 4시간을 달려갔다. 그곳은 거대하고 아름다웠다. 순백색의 석회암으로 펼쳐진 노천온천은 과연 놀랄만한 광경이었다. 파란 하늘과 맑은 온천물이 어우러져 연한 아이스블루의 석회붕이 펼쳐진 그곳은 놀라웠다. 고대 이집트의 클레오파트라도 이곳을 다녀갔다고 하니 과연 온천욕이 좋은가 보다. 그곳에서 우리는 족욕도 하고 그 유명한 증기탕 하맘도 하며 여독을 풀었다. 여행 5일째

가 되니 많이 피곤했다. 내 몸 하나도 건사하기 힘든데 남편이 자꾸 이것저것 요구하고 심부름을 시키니 짜증이 났다. 한바탕 말싸움을 했다. 겨우 마음을 가다듬고 약을 먹고 쉬었다. 이제는 영양제를 챙겨 먹으며 여행하는 나이가 되었다.

우주의 어느 별에 갔다 온 듯한 카파도키아를 떠나 터키의 수도인 앙카라로 향했다 '황금의 손'으로 알려진 전설의 왕 미다스가 세운 도시다. 제2의 수도답게 도시는 깨끗하고 터키의 국부 무스타파 케말 아타튀르크의 기념관과 영묘는 대단했다. 영부인은 대통령인 남편을 너무 사랑해서 유골을 갈아 매일 포도주에 타 마셨다고 전한다.

가이드 말을 들으며 과연 나는 남편을 얼마나 사랑하는지 생각했다. 결혼 서약을 하고 부부로 살아온 40년 동안 얼마나 많은 일을 겪었는지…. 다시 살아보라면 고개를 저을 것 같다. 남편과 아이들, 시댁과의 문제들 아직도 많은 일이 남아 있다. 이제는 둘이서 하는 것보다 혼자 처리하는 일들이 더 많다. 마음이 변한 건지 아니면 몸이 변한 건지. 세월이 사람을 변하게 하는 것 같다. 아직도 한결같은 마음으로 남편을 사랑하는지 묻고 싶다.

노벨상 수상작가 오르한 파묵은 "나는 이스탄불이라는 이름을 들을 때마다 언제나 신비로움을 느낀다."라고 했다. 십이 년 전 이집트 여행을 할 때 잠깐 이스탄불에 왔었지만, 그 때 보지 못한 다른 것들이 보인다. 도시 전체가 경이로움과 신비감으로 새삼스럽다. 우리는 전세유람선을 타고 흑해와 마르마라 해를 잇는 보스포루스 해협을 한 바퀴 돌았다. 바닷물이 강물처럼 흘러 우리 한강보다 폭은 좀 좁아 보였지만 돌고래가 놀고 있는 것을 보니 바다였다.

골드혼의 아름다운 풍경과 함께 피에르롯티 언덕에 있는 찻집에 들러 사과 차를 마셨다. 터키 속담에 "달콤한 것을 먹어야 달콤한 말이 나온다."고 한다. 설탕을 듬뿍 넣어 마셨다. 이번 여행을 하는 동안 남편은 버럭 소리를 지르며 다시는 당신과 여행하지 않겠다며 큰소리도 냈지만, 집으로 돌아오는 버스 안에서 내 손을 꼭 잡으며 좋았다고 한다. 터키는 국화(國華)인 각양각색의 튤립처럼 아름다웠고, 향긋한 아이스크림과 은은한 사과차와 달콤한 말로 가슴에 남았다. 과연 50주년 여행을 둘이서 다시 할 수 있을까 기대해 본다.

눈꽃송이는 바람에 날리고

문득 창밖을 보니 마당의 나무들이 옷을 벗고 앙상한 몰골로 서 있다. 여름의 무성했던 푸름 속에서 재잘거리던 새들마저 간 곳이 없고 쓸쓸한 노인네같이 스산해 보인다.

레빈슨(Daniel J. Levinson)이라는 심리학자는 인생의 성장주기를 자연의 사계절에 비유하고 있다. 그는 출생에서 죽음에 이르는 인간의 발달 특성이 사계절의 특성과 유사하다고 보았다. 그래서 영·유아기는 봄, 성인 초기는 여름, 중기는 가을, 후기는 노년기로 겨울에 이른다고 한다. 그리하여 각 진행이 변화와 안정을 순환하면서 점진적으로 이루어졌으며 과거와 현재 미래를 연결하는 연속성이 있다고 보았다.

여자들은 결혼과 동시에 주부가 된다. 20대 초반부터 결혼적령기로 보면 우리들은 일생의 거의 4분의 3을 주부라는 대명사로 불린다. 주부(主婦)란 한집안의 제사나 살림을 책임진 사람으로 집안일만 하던 시대에서 요즈음에는 일인다역을 하는 사람들이 많다. 옛날부터 여자들은 부지런할 수밖에 없었다. 살림을 꾸리며 자식들을 키우고 가족을 위해 봉사를 하던 주부들은, 문득 정신을 차려보면 갱년기인 가을을 맞이하게 된다. 그러다 갑자기 '나는 누구인가?' 하는 정체성에 빠져들기도 한다. 자아를 찾기 위해 동분서주하는데, 그러다 간혹 사춘기 소녀들처럼 옆길로 빠지기도 한다. 나 역시 그런 시절이 있었다.

남편과 아이들만을 바라보며 살아온 지난 세월이 후회스러워 실의에 빠져 있을 때, 친한 친구가 갑자기 세상을 떠나게 되었다. 인생의 허무감에 아무 일도 할 수 없었다. 주부가 없어진 그 가정은 중심점을 잃었고, 나는 방황하는 그들을 보았다. 가족이 사람들에게 주는 위안과 평안은 너무 크며 새삼 가정의 중심인 주부의 역할이 얼마나 중요한지 다시 한 번 느낄 수 있었다.

세월 탓인지 요즈음 주부들은 세상 밖으로 나왔다. 이제는 가정이나 사회에서 주부들이 적극적으로 뛰어주기를 바라고 있다. 주부들이 앞장서서 불매 운동, 서명 운동을 하면 결국은 이루고야 마는 것을 종종 본다.

십수 년 전만 해도 여자가 운전하고 아침 출근길에 나서면 영업차를 모는 기사분들이 "아줌마들은 밥이나 하지 왜 나와서 교통 방해를 하나."라고 지청구를 들었다. 우스갯소리로 "밥해놓고 나왔어요. 초보운전."이란 말까지 생겨 사람들을 웃겼다. 요사이는 운전자 거의 반수를 차지할 만큼 여성들이 많아졌고 활동 범위도 넓어졌다. 커다란 트럭을 몰고 가는 여자들을 보고 있으면 힘이 솟는 것 같다.

여자의 일생을 되돌아보면 푸르렀던 청춘이 지나고 추수철도 지나면 빈 둥지를 끌어안고 황량한 들판에 홀로 남게 된다. '빈둥지증후군'을 앓는 주부 우울증도 생겼다. 더구나 의학의 발달은 인간의 수명을 연장시켜 노년기는 더욱 길어졌다.

노년기를 어떻게 보내는가에 따라 그 사람의 인생 평가도 달라진다. 《노년을 즐기는 지혜》라는 책을 보면 무엇인가 하면서 세상과의 접촉을 유지하며 바쁘고 즐겁게 하루하루를 보내라는 이야기가 있다. 그러나 무엇인가를 하는 것, 그것이 문제인 것 같다. 나 역시 막내까지 대학을 보내고 나니, 한시름 놓인 것 같아 무엇인가 해야겠다고 생각하던 중 주위의 권유로 상담 봉사를 하게 되었다.

우연히 시작한 일이 '사랑의 전화' 상담 일이다. 일주일에 한 번 자원봉사를 하고 있지만 고단하고 지친 사람들과 이야기하다 보면 나름대로 의미가 있고 사회 정화운동을 하는 것 같아 성취감도 느낀다. 그동안 내 상처만 대단한 것처럼 끙끙거리며 살아온 세월이 부끄러워, 작은 힘이나마 나누고 살려고 노력한다.

얼마 전 볼일이 있어 딸아이와 전철을 타고 가던 중에 옆에 앉아 있던 어린 아이의 조잘거리는 모습이 유난히 귀여워 말을 걸었다. 대뜸 한다는 소리가 "할머니." 하는 것이었다. 순간 당황하여 얼른 옆 사람들을 보았지만 다들 무표정하다. 내 딸아이만 웃으면서 "얘 아직 우리 엄마, 할머니 아니야?" 하니, 그 어린아이의 어머니가 미안해하는 모습을 보며 어쩔 수 없는 세월을 느꼈다. 순수한 어린아이 눈에 할머니로 비쳤다면 아무리 내가 아니라고 우겨도 분명 그러할 것이다. 그러다 보니 언제부터인지 나는 '예쁘다'는 말보다는 '아름답다'는 말을 좋아하는 나이가 되었다.

아름다움이란 지극히 부서지기 쉽고 신기루나 거품처럼 훨훨 날아가 버리는 어떤 것인지도 모른다. 특히 봄날 벚꽃이 떨어지는 것을 보면 아름답지만, 가슴이 시린 것을 느낀다. 거울을 보면 사그라진 청춘이 안타깝지만 가는 세월을 어찌 붙잡을 수 있겠는가. 하지만 외면적으로는 예쁘던 시절이 다

지나갔지만, 내면에서 우러나오는 아름다움을 지니기 위해 노력한다. 늙어 보인다는 것은 때때로 볼품없고 초라해 보이겠지만 나이 들수록 품위를 잃지 않도록 노력할 것이다.

자연의 각 계절에 아름다움이 있듯이 다가오는 내 인생의 계절인 겨울도 그만의 아름다움이 있을 것이다. 이제는 함박눈을 보면 골절상을 입을까 걱정하고, 눈이 얼어붙으면 교통이 막히는 것을 걱정하는 나이가 되었다. 하지만 눈을 보며 탄성을 지르는 아이들을 보면, 아스라한 옛 추억이 떠올라 나도 같이 소리를 지르고 싶다. "눈이 왔어요***^^ 흰 눈처럼 풍성한 사랑을 받으세요."라는 문자 메시지를 가족들과 아는 사람들에게 보낼 수 있는 넉넉한 할머니로 남고 싶다. 앙상한 가지에도 눈이 내리면 아름다운 눈꽃이 피듯이, 풍성한 모습으로 사랑을 바람에 날리고 싶다.

된장과 가시

장을 잘 담그시는 친정어머니가 옆집에 사니 하기 싫어도 매년 장을 담근다. 장 담그는 일이 그렇게 어려운 것은 아니지만, 손이 많이 가고 신경을 써야 하니 번거로운 일이 아닐 수 없다. 요사이 젊은 사람들은 대개가 사다 먹고, 아파트에서는 담그려고 해도 사실 담기가 어렵다. 다행인지 불행인지 나는 주택에 살고 있어서, 덕분에 장을 담근다. 간장은 음력 1월에 말(午) 날을 잡아 담아야 뒤탈이 없다고 믿는다. 1월 말쯤 날을 잡고 길어온 약수에 참숯을 달구어, 가을부터 준비해 둔 붉은 고추를 띄어 정성스레 담근다. 40여 일이 지나면 하얀 꽃이 피면 장을 달이는데 그 냄새가 만만치 않으니 공동생활을 하는 아파트에서는 그래서 쉬운 일이 아니다. 된장은 간장을 빼지 않은 막장을 담그는데 이것 역시 녹록지는 않다.

그러나 남편이 워낙 된장찌개를 좋아하니 일 년 먹을 농사를 소홀히 할 수는 없다.

그동안 정성을 들이고 또 친정어머니가 열심히 장독 간수를 해 주셔서 맛있는 장을 먹어 왔다. 그런데 올해는 사달이 나고 말았다. 지루한 장마가 끝나고 오랜만의 햇볕에 장독대에 가보니 된장 항아리에 가시가 생겼다. 순간 너무 놀라서 뚜껑을 닫아 버리고, 어머니한테 전화하며 무슨 큰일이라도 난 듯이 호들갑을 떨었다. 가시는 음식물과 된장에 생기는 구더기로 쉬파리의 유충이다. 그러나 요사이 젊은 사람들은 가시라는 말조차도 모른다. 또 어떤 이들은 "구더기 무서워 장 못 담근다."는 주부들도 있다.

나도 순간적으로 버리려고 했지만, 어머니는 아무렇지도 않게 걷어내라고 하신다. 그래서 매일 그놈들과 전쟁이 시작되었다. 좁은 항아리 속을 들여다보니, 진저리를 치는 나를 딱하다는 듯이 그놈들은 유유하다. 스멀스멀 제 구멍을 찾아 기어들어 가는 놈, 포동포동하게 살오른 놈, 온갖 모양새로 저마다 발버둥 치며 꼬물거리고 있지 않은가. 근 보름을 그놈들과 씨름을 하니 장독 뚜껑을 열기만 하면 황급히 숨느라고 난리들이다.

하루하루 그렇게 가시들을 보고 있자니 안쓰럽기도 하고,

한갓 미물인 주제에 살겠다고 용트림을 하는 모양새가 새삼 우리네 사는 꼴처럼 보인다. 아마 저 하늘 위에서 내려다보면 사람이 사는 모습도 이와 비슷할 것 같다.

가난했던 우리 조상들은 구더기 생긴 된장도 예사로 먹어왔다. 사람들은 가시를 꺼리지만 우리 할머니 어머니들은 가시 있는 장을 아무렇지도 않게 먹어왔다. 그분들이라고 해서 가시를 달리 보았을 리가 없다. 옛날에 원효대사가 중국으로 공부를 하러 가던 중 산속에서 길을 잃고 자다가 목이 말라 옆에 있던 물을 마셨는데, 그 다음 날 아침에 그 물이 인골 썩은 물인 것을 알고 크게 깨달았다 한다. 우리가 가시가 있는 된장을 먹는 것도 이와 같은 것일 것이다. 우리의 전통적인 음식문화를 보면 간혹 비위생적인 것 같지만, 과학적으로 분석해 보니 된장 속에는 항암(抗癌)물질과 장수(長壽)할 수 있는 물질이 있다고 한다. 가시는 깨끗한 곳에서는 생기지 않는다. 물론 내가 가시를 먹자는 것은 아니다. 요즘 사람들은 오래 살려고, 건강에 좋다고만 하면 온갖 것들을 다 먹는다. 특히 남자들은 몸에 좋다는 소문이 나면 <몬도가네>란 영화에서처럼 희한한 동식물들을 먹기도 한다.

우리가 사는 사회 속에는 현실적으로 눈에 보이는 가시와, 보이지 않는 가시들이 너무 많다. 가장 두려워 할 것은 내 마음속에 가시가 생기는 것이다. 그 가시로 인해 자신과 이웃에게 불쾌감을 주며 살고 있지는 않았는지 모르겠다.

올해는 유난히 비가 많이 왔다. 비가 오면 장독대에서 또 가시가 배회할 것이다. 일 년 농사를 망친 사람이나, 집이 물에 잠겨 평생 모은 재산을 날린 사람들도 있는데 비 때문에 우리 집 된장에 가시가 생긴 것은 그들에 비하면 걱정할 일도 아니다. 그러나 내 손톱 밑의 작은 상처가 큰 아픔이듯이 그놈들이 꿈속까지 나타나 나를 괴롭혔고 즐겨 먹던 된장찌개를 먹기가 떨떠름하다. "맛있는 장에 가시 낀다."는 말도 있다는데 올해는 이 된장을 그냥 먹어야겠다. 찬바람 불면 이놈들도 사라질 것이다.

벌써 처서가 지나 찬 기운이 돈다. 소슬바람에 옷깃을 가다듬으며 나도 내 마음속에 가시가 생기지 않도록 마음을 열심히 닦아야겠다고 다짐해 본다.

미아리에나 가볼까

새해가 되면 올 일 년의 운수가 궁금해 토정비결을 보거나 신문에 나오는 운세란을 들여다본다. 특히 올해는 아침 신문을 보니, 혼미한 대선 정국이 계속되면서 유명 역술인이나 무속인을 찾는 정치인들의 발길이 분주하다고 한다. 살다 보면 답답하고 괴로운 일이 생기고 왜 이렇게 어려운 일이 나한테만 닥치나 싶을 때가 있다. 가슴이 꽉 막힌 것 같고 숨을 자주 몰아쉬어도 갑갑할 때, 우리는 가끔 미아리나 신촌 골목을 찾아가곤 한다.

어릴 때 우리 집은 돈암동 사거리에 있었다. 간혹 어머니를 따라서 미아리 고개를 넘을 때가 많았다. 무수한 점집 간판을 보면서 무엇을 하는 곳인지 궁금증을 보일 때, 어머니는 그곳이 마치 귀신 소굴인 양 나한테 겁을 주곤 했었다. 그런 곳은 무식한 사람들이나 가는 곳이라는 말에 나와는 무관한 곳인 줄 알았다. 그러나 이제 오십을 바라보는 나이가 되고 보니, 왜 그렇게 그곳에 점집이 많았는지 알 것 같다. 인생이란 마음 먹은 대로 되는 것이 아니었고 나 역시 어떤 운명이 있는 것은 아닐까 싶어, 앞일이 궁금하기도 하고 그들의 말에 위로를 받고 싶을 때, 점을 보러 가곤 한다. 하지만 그들의 말은 들을 때뿐이고, 믿거나 말거나 하는 심정으로 가슴에 담아두지 않게 된다. 인간이란 나약해서 좋다고 할 때는 기분이 좋지만, 나쁜 일이 닥친다고 하면 늘 머리에서 맴돌며 이제나저제나 가슴을 졸이곤 한다. 그러다 몇 해 전부터 세상살이가 다양해지다 보니 집 근처 문화센터에 '생활역학'이란 강좌가 생겼다. 나는 몇 번을 망설이다가 공부를 시작했다.

우리나라에 명리학이 소개된 것은 중국문물 즉 한자가 전래하고 소위 선진(先秦)사상이 들어오면서부터라고 한다. 신라말 고승 도선국사가 대표적 인물이고, 고려에 이르면 최충, 안유, 정몽주 등 많은 학자가 뒤를 잇게 된다. 이때는 주로 주자학이 명리학과 함께 발전했다고 한다. 성리(性理)란 즉, 마음을 고찰하려면, 역리나 명리와 연관하지 않을 수 없기 때문이다. 조선 시대에는 무학대사, 정도전 등이 유명하였고 조선 후기에는 김인후, 이지함, 사명, 서산대사 등이 유명하다. 또

한, 조선 중기의 《토정비결》은 오늘날까지 애독되고 있으나, 일제 강점기에 와서 미신, 무속 등으로 취급되어 정통 학문으로 발전하지 못하고 사장(死藏)되었다고 한다. 명리학은 확고한 신념과 교양, 종교적 열정과 정성이 없이는 오히려 사람을 해치는 학문이기도 하다. 미래를 예언한다는 것은 많은 사람을 혼란 속으로 빠뜨리기도 하고, 좌절 속으로 밀어 넣기도 한다. 그래서 무수한 많은 예언과 책들이 금기(禁忌)시 되어 불태워지기도 하였다.

역학은 오행(五行: 火, 水, 木, 金, 土)의 조화로, 자연과 대비하여 풀어가는 학문이다. 부족함과 넘침의 조화, 음양의 이치를 보이는 것과 보이지 않는 것까지 공부하여야 하니 무궁무진한 학문임에 틀림이 없다. 그러나 선무당이 사람 잡는다는 말이 있듯 조심스럽고 깊이 있게 연구할 공부다

우리나라는 오행상 갑목(甲木)의 나라라고 한다. 갑목(甲木)이란 형상은 거목이요, 방위는 동쪽이고, 색은 청색이다. 또한, 성품은 인(仁)이다. 그래서 우리나라를 동방예의지국이라고 하는 말도 여기에서 유래된 것이다. 애국가 구절에 "남산 위의 저 소나무…."라며 소나무의 기상(氣像)을 노래한 것도 우리가 갑(甲) 목(木)의 나라이기 때문이다.

우리의 땅은 기토(己土)이다. 기토는 그 형상은 축축한 논,

밭이다. 갑(甲)과 기(己)의 성질이 합하면 토(土)의 기운으로 변한다. 갑목(甲木)의 측면에서 볼 때, 토(土)는 재성(財性)이다. 물질 만능의 시대로 치닫는 것도 토의 기운이 왕성해졌기 때문이다. 그래서 우리나라에서는 부동산으로 돈을 버는 것도 다 이런 이유에서다. 그러나 모든 사람이 부동산에 투자한다고 돈을 버는 것은 아니다. 각자의 타고난 기운에 따라 달라지기 때문이다. 이 토(土)의 기운을 극(剋)하는 것은 목(木)이다. 이번 선거에서는 혼탁한 세상을 바로잡을 푸른 소나무와 같은 진정한 지도자가 선택되길 바랄 뿐이다.

나 역시 처음에는 사주(四柱) 여덟 글자로 한 사람의 인생살이를 판단한다는 것이 믿어지지 않았지만, 공부하며 주위 사람들의 인생을 풀어보니 실제의 모습과 너무나도 흡사하여 신기함에 열심히 공부하게 되었다. 이석영 선생의 《사주첩경》, 박재완 선생의 《명리요강》을 비롯하여 《적천수》, 《자평명리학》, 《궁통보감》 같은 책을 찾아 읽게 되었다. 그리고 미래를 알고 있다는 듯 사람들의 사주를 풀어주곤 했다. 한 2만 명의 인생을 풀어보아야만 조그만 가닥이 잡힌다고 하니 아직도 갈 길이 멀었다. 그리고 자꾸 비방을 가르쳐달라고 하는 사람들 때문에 곤란할 때가 많다.

우리의 운명은 우리가 그것의 본성을 배우기 전부터 우리에게 영향력을 행사해 왔다. 그래서 변화무쌍한 작용을 체계적으로 연구함으로 인간의 길흉화복을 예견할 수 있는 학문이며 심오하고 지고하다. 그러나 요즘 같은 세상에는 해석을 잘해야만 하고 적용점이 다르게 풀어야 한다.

오행 중 끊임없이 자신을 적극적으로 움직이며 표현하는 것은 물(水)과 불(火)이므로 수기(水氣)와 화기(火氣)의 기운이 많은 사람은 표현력이 뛰어나다. 수기(水氣)가 많은 사람은 말은 잘하나 수다스러운 경향이 있고, 화기(火氣)가 강한 사람은 논리적이며 설득력이 있어서 화술이 뛰어나다고 한다. 사주 중에 토(土)의 기운이 많고 수기(水氣)가 없으면 기(氣)가 흐르지 못하여 비만(肥滿)해진다고 한다.

그리고 신기한 것은 오행의 본성대로 성격과 능력이 주어지며 대부분 '끼리끼리'라는 말처럼 같은 식구나 친구들은 서로 상생하는 관계거나 보완하는 성정끼리 만나서 살고 있는 점이다. 그중에 서로 맞지 않는 식구나 친구가 있어 살펴보면 상극이거나 원진살이 있거나 상충의 관계인 것을 보면 연구해볼 만한 학문임에 틀림이 없는 것 같다.

오늘 일진이 안 좋으니 조심하라고 말하면 아이들은 이제 내 호를 따서 '운해(雲海)도사' 간판 하나 걸라고 놀린다. 현실적이고, 논리적인 남편에게 "여보, 오늘 차 조심하세요. 그리고 구설수가 있으니 말도 조심하시고요." 하면 남편은 쓸데없는 소리 말라며 들은 척도 안 한다.

나라의 운명까지는 몰라도, 하여튼 역학이란 공부는 하면 할수록 내 분수를 알고 자족하는 삶을 살게 되는 것 같다. 자기 자신의 그릇을 알게 되니 분수를 지키며 남의 탓을 안 하고 열심히 기도하니 배워볼 만한 공부임은 틀림없다.

봄날은 간다

세상이 신경쇠약에 걸렸나 보다. 여기저기서 어깨가 결리고 머리가 아프다는 사람들과 기침 소리와 재채기 소리가 요란하다. 연일 독도 문제와 낙산사 화재 소식으로 우울한데, 과천 시내 곳곳에는 무시무시한 문구의 현수막으로 장막을 친 가로수들이 을씨년스런 모습으로 오는 봄을 막고 있는 듯하다.

"괜찮니 애, 너희 과천에서는 매일 데모만 하고 난리가 났다며." 서울에 사는 친구는 걱정스러운 목소리로 전화하며 안부를 묻는다. 신행정수도 이전 반대 데모를 한다고 매일 방송에서 떠들어대니 다른 지역 사람들은 과천 시민들은 매일 생활도 안 하고 무슨 쿠데타 작당 모의를 하는 줄 아는 모양이다. 대전에 사는 동생이 와서 하는 소리가 저희 동네에서는

"신행정수도 이전 환영"이란 현수막이 널려 있다고 하니 정말 '아' 다르고 '어' 다른 세상이다.

창밖을 보니 어느새 목련이 흐드러지게 피었다. 세상은 환해졌는데 내 가슴은 아직도 어둡다. 두 달 넘게 아팠다. 밤마다 기침 때문에 잠을 설쳤고, 한번 시작하면 금방 숨이 넘어갈 듯이 하니, 보고 듣는 사람들이 더 걱정이다. 나중에는 급기야 피 섞인 가래까지 올라오고 이러다 목이 완전히 가는 것은 아닌가 하는 생각에 겁이 덜컥 났다. 매일 이비인후과 병원에 가서 목을 지지고 치료를 해도 별 차도가 없어 한의원에 들러 진맥하니 '신경쇠약'이라며 쉬라고 한다. 병원 문을 나서며 "뭐 신경쇠약?" 별말을 다 한다고 생각하며 집으로 돌아왔는데 곰곰이 생각해보니 맞는 진단인 듯하다.

신경쇠약이란 '내외의 자극에 대하여 보통사람과 달리 과민하게 반응하고 초조해지기 쉽고 피로해지기 쉬운 증후군으로 증상은 불면증, 두통, 피로, 견통, 기침, 재채기, 현기증, 기억력 장애와 손가락 눈꺼풀의 떨림 증세가 나타나는 정신적 신체적 상애'라는 것이다. 옛날 어른들이 아프면 쉬라는 신호로 알고 누워서 기라고 했는데 성정(性情)이 예민하다 보니 쉰다는 것이 여의치가 않다. 지난 늦가을부터 눈꺼풀 떨림 증세가 심해지며 불면증으로 시달렸건만 그냥 무심히 넘겼더니 이렇게 고생을 한다. 사람이 살면서 늘 좋을 수야 없지만 이렇게 병고(病苦)에 시달리는 것은 누가 대신 아파줄 수 없으니 고스란히 자신의 몫이다. 유비무환(有備無患)이라더니 옛말 하나도 그른 말이 없다. 그러면서 주위를 둘러 보니 나같이 기침하는 사람들이 많다. 가족이 건강해야 가정이 평온하고 사회가 안정되어야 국가가 발전할 수 있듯이 한 사람 한 사람이 모두 조심을 해야 한다.

국제간의 문제점도 미리 잘 대처를 했더라면 이런 상황으로 벌어지지는 않았지 싶다. "독도는 우리 땅"이라고 아무리 외쳐보아도 그들은 한없는 억지를 쓰고 있다. 그런 일본의 불손함과 뻔뻔스러움에 온 나라는 연일 부글부글 끓고 있다. 하지만 우리 국민들은 논리적 훈련을 잘 받지 못해 언제나 싸움의 끝이 감정적으로 끝나버리는 것을 종종 보게 되니 걱정이다. 나뭇가지에 매달려 숲을 보지 못하는 어리석음을 범하게 될까 염려스럽다.

지나온 역사를 되짚어 보니 우리 과천의 문제도 그렇다. 아무리 기무사 이전 반대시위를 해도 통과되었고, 매일 신행정수도 반대 데모를 해도 현 정권 중앙정부에서는 공약을 실천하기 위해 시도를 할 것이다. 하지만 인구 7만의 작은 도시, 서울로 가는 길목의 통과 도시로밖에 생각하지 못하는 이곳

과천 사람들은 매우 힘들다. 피를 나눈 형제라도 각자의 아픔이 다르면 서로가 서로의 아픔을 모른다고 한다. 하지만 부모는 열 손가락의 아픔을 다 느끼며 안타까워하는 것이 이치다. 현 정부는 새끼손가락인 과천 시민의 아픔을 돌아보고 우리 모두의 기침 소리에 귀를 기울여야 한다. 우리도 차분히 쉬면서 몸과 마음을 추슬러 대응해야 할 것이다.

봄맞이 대청소를 하듯이 보기 싫은 현수막을 걷어내고 자분자분한 목소리로 우리의 주장을 펼치자. 서로의 아픔을 헤아리며 모두 하나 되는 그날을 위해 매진하자. 바람 부는 창밖을 보니 꽃비가 내린다. 어느 사이에 봄날은 연분홍 치마를 휘날리며 저만치 가고 있다.

사그막골 이야기

청계산은 어머니 같은 산이다. 맑은 물이 지천으로 흐르고 능선이 부드럽다. 과천 외곽 지역에 위치한 문원 2통은 풍광이 과천에서 제일이라고 한다. 청계산 매봉의 끝자락에 위치한 마을은 예전에 사기를 굽는 가마터가 있어서 사그막골이라고 불린다. 그래서 그런지 토질이 붉은빛이 나면서 부드럽다. 지금은 '사기막길'이 되었고 행정상은 '문원동'이다. 문원동이란 글월 문(文)자, 들 원(原)자로 선비들이 많이 거주했다고 한다.

이십 년 전 오이밭과 배 과수원이 많았던 이 동네는 거의 시골이었다. 봄에 밤마다 울어 대는 소쩍새 소리와 맹꽁이의 울음소리에 잠을 설치고 사슴농장과 청둥오리농장은 아이들의 견학 장소가 되어 구경하던 곳이었다. 봄이면 자두나무에 시큼한 자두가 열려 우리를 들뜨게 하고 가을이면 과수원의 시원한 배 맛에 가슴이 뚫리곤 했었다.

하지만 지금은 도로도 말끔히 정비되고 많은 집이 들어서 아파트에 사는 사람들은 이곳을 과천의 '베벌리 힐즈'라고 부른다. 콘크리트 건물에 둘러싸인 아파트에 싫증 난 사람들의 눈에는 마당이 있는 집들이 그렇게 보였기 때문일 것이다. 부러움 반 시샘 반이 섞인 농담이겠지만 말이다.

나는 머리가 아프거나 스트레스를 받으면 매봉 약수터로 천천히 올라간다. 오솔길을 따라 올라가면 졸졸거리는 계곡물 소리와 숲의 두런거리는 소리와 새들의 노래를 듣다 보면 어느 틈에 기분은 상쾌해진다. 전원도시 과천은 어디를 가도 푸른 산과 나무가 보여 우리들의 눈을 기쁘게 하지만, 이 마을이 좋은 것은 안온한 기운이 흐르며 잊고 살았던 고향 냄새가 나는 듯하여 기분이 좋아진다는 사실이다.

처음 이곳에 이사 왔을 때 마을 사람들은 배타적으로 우리를 경계하며 집 짓는 일을 방해하곤 했었다. 당시는 그린벨트 지역이라 마음대로 건축할 수 없었고 제약이 많았다. 하지만 집 앞 농로를 정리하고 길을 만들고 꾸준히 마을 사람들과 교류를 했다. 이제는 마을 재무 일을 맡을 정도로 신임을 얻게 되어 마음을 나누고 있다.

가까이 사귀어 보니 마을 사람들은 순박하고 따뜻하며 똑같이 느끼고 생활하는 주부들이었다. 농사지은 푸성귀를 팔아 생계를 위해 애쓰고, 힘든 과수원 일과 농사를 지으며 열심히 생활하는 그들이다. 가구 수가 한 100여 세대밖에 안 되는 작은 동네지만 원주민과 새로운 입주자들이 공존하여 부딪힘이 없고 서로가 서로를 이해하고 협조적이다.

작지만 마을운영회, 노인회, 부녀회가 마을 일을 의논하고 협조하며 마을 발전을 위해 애쓰고 있다. 또한, 매년 봄·가을에 노인분들을 모시고 가는 나들이를 통해 효행심과 사람들 간의 단결심을 고무하여 마을을 사랑하는 마음을 높이고 있다. 땅의 지기(地氣)가 마을의 인심에 통하는지 이곳에 살다 보니 청계산의 정기를 받아 지혜로워지는 것 같다. 이제는 서로가 마음을 합하여 진실로 베벌리 힐스를 능가하는 살기 좋고 부유한 동네로 만들려는 노력과 청계산을 지키는 긍지를 가지고 마을 공동의 목표를 향해 더욱 매진하고 있다.

산을 좋아하는 사람들과 맑은 물을 찾는 사람들이 5, 6호 약수터와 매봉 약수터를 아침이면 오가며, 주말이면 청계산을 찾는 많은 등산객의 발걸음이 몰려온다.

동네 입구에 있는 마을회관 앞 놀이터와 정자는 힘든 사람들의 쉼터 역할을 하여 커피나 막걸리를 마시기도 좋은 곳이다. 바로 옆의 과수원에서 풍겨오는 배꽃 향기를 맡으며 마시는 한 잔의 술이나 차는 더욱 깊은 맛을 내며 정을 나눌 수 있어서 좋다. 마을 입구를 지키는 느티나무는 굳건한 기상으로 푸른 잎을 펼치며 그늘을 내어주고 우리를 품는다. 이사 온 지 10년이 되어서야 나는 사그막골의 주민이 되었고 이곳의 이야기를 들어주게 되었다.

산에는 꽃이 피네

창밖을 보니 곱던 단풍나무가 어젯밤의 비바람으로 모조리 떨어져 앙상한 가지만 남았다. 열흘 동안의 유럽여행은, 서양의 거대한 문화와 아름다운 풍물들로 나를 혼미하게도 했지만, 몸과 마음이 무언가에 쫓기는 듯했다. 파리의 에펠탑 전광판에는 J－42란 글씨로 21세기가 42일 남았음을 알려주고 있었다. 그렇게 기대하던 여행이었지만 아쉬움이 더 많은 여행이었다. 우리의 인생이란 늘 여행처럼 기대보다는 실망이 아쉬움과 후회가 더 많은 것 같다.

세상에는 많은 책이 있다. 그중에서 좋은 책은 우리의 인생을 바꾼다고 한다. 법정 스님의 법문과 말씀을 류시화 시인이 엮은 이 책은 삶에 진정한 가치가 무엇인가를 말해주고 자기를 점검하는 구도자적 자세에 대해 일러준다.

"스님의 소원은 무엇입니까?" 하고 물었을 때 "내 개인적인 소원은 보다 단순하고 보다 검소하게 사는 것이다."라는 말씀을 읽으며 나의 분주함과 탐욕이 부끄러웠다. 무언가 이루어야 한다고 느낄 때, 그리고 남보다 더 많이 가져야 한다고 느낄 때, 다가오는 오십이라는 나이가 부담스러울 때, 나는 이 책을 만났다. 내 삶의 잔고가 얼마나 남아 있는지 스스로 확인하고 싶을 때, 초조하고 불안할 때 나는 이 책을 슬그머니 끼고 뒷산에 오른다. 어디를 보아도 좋다. 산을 오르며 책 속에서 스님의 육성이 그대로 들려오는 듯하여 마음이 편안해진다.

"보다 적은 것이 귀한 것이고 결과적으로 넉넉한 것이다. 이런 생활태도는 소극적인 태도가 아니라 지혜로운 삶의 선택이다."라는 스님의 말씀은 현대인들의 복잡한 삶에 지침이 되는 말이다.

사람이 사람답게 살기 위해서는 작은 것과 적은 것으로도 만족할 줄 알아야 하고, 나누어 가질 줄 알아야 한다. 생명의 커다란 한 뿌리에서 나누어진 가지가 바로 이웃이기 때문이다. 그렇게 생각하면서도 실천하지 못하고 사는 것이 우리들의 삶이다. 이 책의 처음 제목처럼 "바로 지금이지 그때가 따로 있는 것이 아니다."인 것처럼 '바로 지금'이 중요하다.

끊임없이 흐르는 강물처럼, 사시사철 늘 새로운 산처럼, 날마다 새롭게 피어나는 꽃처럼 그렇게 살고 싶다. 힘들고 지친 삶의 무게에 등허리가 휘어질 때나, 슬프고 가슴 아픈 사연들로 눈물 흘리는 모든 이들에게 스님의 따듯한 말씀이 위로가 되었으면 한다. 진정으로 세상을 살 줄 아는 사람은 한 해가 지났다고 더 늙지 않는다고 한다. 한 해를 보내며 늘 새롭게 시작하는 마음으로 새로운 시대를 맞이하자. 꽃을 보러 남의 정원에 가지 않고 내 안에 만발하게 피어있는 꽃을 가꾸며 후회 없이 새천년 해를 맞고 싶다.

흐르는 저 강물 속에는

인생도 멀리서 보면, 강물이 쉬엄쉬엄 흐르는 것처럼 유유히 흘러간다. 그러나 가까이 가 보면 물살이 세게 흐르는 곳도 있고 소용돌이도 친다. 우리들은 사노라면 수많은 강물을 건너야 한다. 하지만 서두르거나 두려워하면 그 속에 빠져버린다. 우리의 삶이 다양하듯이 강물도 한참을 들여다보면 속을 알 수 없는 여인네처럼 여러 가지 색을 띠고 있다. 멀리서 보면 짙은 블루에 검은색을 풀어놓은 것 같은 물빛도 하얗게 보인다. 우리네 삶도 그러한 것 같다.

1970년 당시, 내가 졸업한 E여고에서는 E여대를 3백여 명씩 들어가곤 했다. 우리 과에만 여고 동창이 십여 명이 되다 보니, 대학생활이 특별히 신기하거나 새로움도 없었다. 지방에서 올라온 친구들이 적응하느라 애쓰는 동안 우리들은 학교 이곳저곳을 돌아다니며 이 친구 저 친구를 만나곤 했다. 그중에 키가 작았던 친구 세 명이 붙어 다녔는데 Y와 S, 나였다.

다들 6·25전쟁 통에 태어나 못 먹어서 그랬는지 체구들이 작았다. 우리는 자라온 환경이나 생김새는 달랐지만, 감성이 비슷하여 보는 사람들이 닮았다고 말하곤 했다. 셋 다 사람 만나는 것과 이야기하는 것을 좋아해, 만나면 학교 앞 음악다방에서 많은 시간을 보냈다.

당시는 유신 시절이라 학교마다 거리마다 데모의 함성과 최루탄의 매운 기운이 하늘을 덮었었고, 시골에는 새마을 운동이 한창이었다. 우리 또래 처녀들이 구로 공단에서 생존을 위해 재봉틀을 밟으며 수출 한국을 외칠 때 우리는 철없이 웃고 떠들며 놀았다.

당시 우리 학년에만 국무총리, 장관 집 딸들이 십수 명이나 다니고 있었으며, 주위에 있는 친구 아버지들이나 내 아버지는 다들 크거나 작게 권력과 재력의 혜택을 누리고 있었다.

Y란 친구는 남산 아래 필동에 살았는데 이 층은 다다미방이었다. 우리는 가끔 춥고 어두운 그 방에서 모여 놀았다. 함경도 출신으로 가정 형편은 넉넉지 않았으나 어머니의 교육열은 대단해서 언니, 오빠들이 다 최고 학부를 나온 수재들이

었다. 셋째 딸인 이 친구는 당차고 자기주장이 강해서 S와 나는 늘 그 친구를 따라다니는 편이었다. 적성보다는 성적에 맞춰 국문과에 온 친구라, 학교 공부보다 영어회화클럽에서 늘 회화공부만 하는 친구였다. 그 친구는 묘한 매력이 있어 같이 있으면 유쾌해져 매일 어울려 다녔다. 결국, 그 친구는 미국에 이민갔다.

S란 친구는 시를 좋아하는 고운 친구다. 착하고 예쁜 친구다. 실향민인 아버지가 사업에 실패하고 뇌출혈로 쓰러져, 생활이 넉넉지는 않았다. 맏딸인 그 친구는 어쩔 수 없이 생활전선으로 뛰어들었고, 고운 얼굴에 그늘이 살짝 들었지만, 늘 만나면 애틋한 마음이 드는 친구였다. 천성이 순종적이고 환한 성품인 탓에 이제는 좋은 신랑을 만나 잘 순응하며 살고 있다.

대학 2학년 때 아버지는 더 높은 고위직으로 올라가셨고 우리 집은 신흥 부자 동네인 서교동으로 이사했다. 이 층 양옥인 그 집은 번듯했으며 겨울이면 기름을 펑펑 때서 방들은 설설 끓었고, 아버지를 만나기 위해 드나드는 손님들로 항시 집은 시끌벅적했다. 그런데 집안 분위기는 물질의 풍요와 상관없이 시베리아 벌판처럼 냉랭했으며 매일 아버지, 어머니의 싸움 소리는 그칠 날이 없었다. 남동생은 대학에 실패하고 우울증으로 집안을 시끄럽게 했다. 하지만 어머니의 속절없는 기대와 끝없는 욕심은 맏딸인 나를 더욱 질리게 하고 있었다.

나는 글을 쓰고 싶었지만 한 줄도 쓸 수 없었다. 특히 여자가 문학을 하면 신세를 망친다며, 반대하는 아버지의 명령은 계엄령보다 무서웠다. 아버지의 목표는 최고의 신랑감인 판·검사에게 시집보내는 것이었다. 나는 고여 있는 물처럼 썩어가는 심정으로 하루 하루가 참 힘든 시절이었다.

무력감에 빠져 내일이 없는 사람처럼 시니컬한 얼굴로 학교에 다녔다. 무엇인지 모를 커다란 기운이 나를 짓누르며 괴롭혔다. 덫에 걸린 짐승처럼 아무것도 할 수 없었고, 세상에서 나는 어찌 이리 쓸모가 없을까 하는 생각에 빠져 늘 죽음 그 후 세계만을 생각하며 불행한 사람의 표본처럼 허우적거리곤 했다.

늘 머리가 아팠고 시원한 공기를 마시기 위해 수업도 안 듣고 태릉의 솔바람이나 맞으러 다녔으며, 아니면 학교 뒷산에 올라가 노래를 부르다 집에 오곤 했다. 그렇게 청춘은 회오리치는 강물처럼 흘러갔고 졸업하자마자 합법적으로 집을 떠날 수 있다는 핑계를 생각해냈다. 그리고 아버지의 반대를 무릅쓰고 바로 결혼하였다.

얼마 전 대학 동창인 H가 전화를 했다. 그동안 통 소식이 없더니 동창회를 한다는 소식이었다. 몇 번인가 연락이 왔지만, 마음이 내키지 않고 시간이 맞지 않아 나갈 수 없었는데, 이번에는 나주(羅州)에 사는 친구도 참석하니 꼭 봤으면 한다며 나오라고 한다. 약속하고 전화를 끊고 나니 옛 친구들 얼굴이 주마등처럼 스쳐 가며 지난날들이 영화필름처럼 돌아간다.

동창회 날, 삼십 년 만에 만난 친구들은 몰라보게 변해 있었다. 변화는 아름답다고 했는데…. 대학 시절 과대표를 하던 친구는 나를 보고 "얘, 너 멀쩡하게 사람 되었다. 학교 다닐 때는 저린 애도 나중에 사람 될까 싶있는데…." 하며 깔깔거리며 웃는다. 나는 그 말을 듣고 조용히 웃었다.

돌이켜 생각해보면 그 시절 그 시간들은 내 안에 갇혀 잡을 수 없는 무엇인가를 붙잡기 위해 허우적거리는 모습으로 떠오른다.

장자는 <인간세> 편에서 "산의 나무는 스스로 베이도록 자라고, 등불은 자신을 태우며 계수나무는 먹을 수 있기 때문에 베어지고, 옻나무는 쓸모 있어 베어지니 사람들이 모두 쓸모 있는 것의 쓰임만을 알고, 아무도 쓸모없는 것의 쓰임은 알지 못한다."라고 말한다. 나 역시 그때는 쓸모 있는 것과 없는 것의 차이점을 몰랐다. 늦게나마 이제는 서두르지 않고 큰 숨도 한 번씩 쉬어 가며, 천천히 주변도 살피며 강을 건너고 있다.

보름달처럼

—미리 쓰는 유언장

시어머님이 돌아가셨다. 지난여름 내내 두 번이나 뇌졸중으로 쓰러지셔서 돌아가시는 줄 알고 속을 끓였다. 그래도 거의 완쾌되어 중환자실에서 퇴원하셔서 안심했는데, 노인네 건강은 하룻밤 사이에 모른다고 갑자기 혈압이 떨어진다고 병원에서 연락이 왔다. 남편과 급히 달려갔더니 운명하실 것 같다고 한다. 워낙 연세도 높아 수명을 다하셨고 호상이라고들 하지만, 그래도 영원한 이별이라고 하니 흐르는 눈물에 가슴이 멍하다. 그동안 치매로 고생하며 자식들도 못 알아보고 요양병원에서 곳줄로 연명하셨나. 산병인의 손에 맡겨 놓고 어서 순명하시길 기도했는데 막상 임종을 맞으니 그동안 불효한 맏며느리로서 가슴이 아프다.

장례를 정신없이 치르고 집으로 돌아와서 잠자리에 누웠는데 날씨가 심상치 않다. 천둥과 번개와 비바람까지. 청개구리 자식들이 앞산에 어머니를 묻고 밤새 어머니 산소가 떠내려 갈까봐 개굴개굴 울었듯이, 우리 부부도 찬 땅에 묻히신 어머님이 생각나 잠을 이룰 수 없었다. 어머님의 일생을 돌아보니 새삼 사람은 죽을 때가 더 중요한 것을 깨닫게 된다.

우리 모두 지금 살아있다고 해도 언제 죽음이 닥칠지 모르는 불안감과 혼탁한 이 세상에서의 삶은 결코 다른 얼굴이 아니다. 어느덧 시간은 흘러 내 나이도 육십 갑자년이 돌아오고 있다. 기본 수명 80세에 건강관리를 철저하고 열심히 하면 100세도 거뜬히 산다는 요즈음 세상에서, 사실 내 나이는 죽음을 심각하게 생각할 정도는 아니다. 하지만 어머님의 죽음을 보며 다시 새삼 흘러간 세월을 곱씹어 보게 된다. 과연 열심히 살아왔는지 아니면 후회만 남은 인생이었는지….

제일 걱정되는 것은 죽음 뒤의 평가로 세인들의 입질에는 오르지 말았으면 하는 바람이다. 유명하지도 않았으면서 별걱정을 다한다고 생각되지만, 마음 한구석에 그런 걱정을 하는 나 자신을 보고 있으니 우매(愚昧)하여 쓴웃음이 나온다.

내가 세상에 남기고 가는 것은 무엇이고 가지고 가는 것은 무엇일까? 결혼하여 자식을 둘이나 생산하였으니 가족들과 이웃 친구들, 나와 관계를 맺으며 사랑했던 동료들과 선후배들이 기억해 주리라. 내가 아끼던 책들과 그림들, 자잘하게 수집하던 애장품들과 사진 속에 나는 기억으로 남아 있게 되겠지…. 이 모든 것들도 시간이 흐르면 다 사라지겠지만.

나는 사람들의 기억 속에 동그라미같이 순하고 아름다운 사람으로 남고 싶어, <동그랗게>라는 시에서 정연복 씨가 노래하듯 원만하고 보름달처럼 환하게 살고 싶었다. 하나 생각만큼 실천하기가 어려웠고 예민한 성정으로 여러 사람에게 상처와 아픔을 남겼다. 세상을 하직하기 전에 모두 깨끗이 정리하고 갈 수만 있으면 얼마나 좋을까 생각해보지만, 그것도 쉬운 일은 아니다. 치매란 덫에 걸려 요양원에 계시는 구십의 시어머니를 뵐 때마다 이승과 저승 사이 중간 지점에서 오도가도 못하고 움츠린 채 고통받고 있는 짐승을 보고 있는 것 같아 가슴이 아팠다. 나라고 그런 일이 비켜간다고 장담할 수 없으니, 남은 시간 동안 인간관계에서 맺힌 사연들과 과오는 깨끗이 정리하고 떠나고 싶다.

평생을 살면서 걱정 없이 쓸 만큼 많은 재산이 있는 것은 아니나, 물질적으로 남은 것이 있다면 어렵고 힘든 사람들에게 보탬이 되고 싶고 내가 소장했던 책들은 도서관에 기증하고 싶다. 그래도 남은 것이 있다면 필요한 모든 사람에게 나누어주고 가고 싶다. 아이들에게는 그저 나중에 화장하여 수

목장으로 장례를 치르고, 가끔 찾아와 그들의 사는 이야기를 들려주며 놀다 갔으면 하는 바람이다.

인생은 60부터라고 하니 그래도 남은 인생의 제2막을 다시 써 보라면 삼 년 전부터 시작한 인형극(초등학생을 위한 성폭력 예방극)을 더 열심히 하고 싶고, 앞으로 태어날 손주들에게 보름달같이 환한 할머니로 기억되었으면 좋겠다.

10년 후 다시 유언장을 쓰게 된다면, 그때는 허물과 후회뿐인 인생이 아니라 자랑스럽고 보람된 일들로 가득 찬 행복한 나날들이었다고 쓸 수 있었으면 좋겠다. 그리고 어머니처럼 어느 멋진 가을날 홀연히 떠났으면 싶다.

이제는 행복해질 시간이다

하루 하루가 그날이 그날 같다가 세모가 가까워져 오면 사람들의 발걸음이 빨라진다. 스쳐 지나가는 거리 풍경들이 스산하고 체감 경기는 을씨년스럽지만, 사람들은 모두 토끼 꼬리만큼의 희망을 붙잡고 오는 새해를 기다린다.

상담하다가 필요 때문에 명리학(命理學)을 공부하고, 어려움에 처한 사람들을 많이 만나다 보니 연말이 되면 사람들은 나에게 이렇게 묻는다.

"선생님 내년에는 어떻게 운이 좀 풀릴까요, 어떻게 하면 돈 좀 많이 벌 수 있을까요?" 사람들은 마치 얼굴을 성형해서 관상을 고치듯이, 내가 자신들의 팔자를 고쳐주고 인생을 바꿔줄 수 있는 성형의사라도 되는 줄 안다

"그저 기도를 많이 하십시오. 긍정적인 사고와 행동이 복을

줍니다. 복을 바라지 말고 복 지을 행동을 하십시오. 나쁜 운도 때가 되면 다 지나갑니다." 이렇게 이야기하면 사람들은 구체적으로 방법을 듣고 싶어 하지만 어쩔 수가 없다.

"행복은 당신의 선택입니다."라는 말이 있듯이 삶을 받아들이고 통제하는 방법에도 개개인의 취향과 방법에 문제가 있다. 모든 일이 자신만의 능력과 잠재력으로 제어할 수 있다고 하지만, 아무리 옳은 것이고 좋은 것이라고 해도 선택의 방법에 있다. 우리는 자신을 잘 알아야 한다.

현실요법 심리상담자 로버트 우볼딩 박사는 자신을 재정립하고 도움을 주는 방법으로 "마음의 항아리를 채워라."라고 말한다. 마음을 분주하게 밖으로 동분서주 쏘다니게 하면 마음은 손상을 받는다. 마음이 숨겨진 곳 '심장(心臟)'이라고 이름 붙인 데는 그만한 이유가 있는 것이다. 그래서 마음을 편히 쓴다는 것이 중요한 일이다. 조그마한 심장의 움직임으로 인해서 삶과 죽음이 갈린다고 생각하면 과연 무엇을 위해서 열을 받고 스트레스를 받는지 곰곰이 생각해 보아야 한다. 아주 기뻐하지도 슬퍼하지도 말고 그냥 담담하게 받아들이는 것이 가장 좋은 보신법이다. 우리의 심장이 콩콩 뛰고 있다는 사실만으로도 살아있음에 감사하다는 생각을 하자.

'그래도 다행'이라는 말을 생각해보면 뭔가 어려운 일이 생졌음을 짐작하게 된다. 최악의 불행은 숨이 넘어가는 것이므로 심장이 뛰고 있다는 사실만으로도 다행이라고 생각하고, 운이 좋지 않다고 불행하다고 느낀다면 가슴에 손을 얹고 조용히 심장이 뛰는 소리를 들어보자. 그 소리를 들으면 묘한 기분이 들 것이며 살아있다는 느낌이 들 것이다.

사주, 네 기둥 여덟 글자와 대운이 합쳐 그 속에서 무궁한 세계가 펼쳐지듯이 우리네 인생살이에도 신비한 오행의 기운들과 염력이 합쳐 작용하고 존재하고 있다. 잘나고 좋은 사주는 잘난 대로 자신이 할 일을 찾을 것이고, 못난 사주는 못난 대로 누군가의 도움을 받아 자신의 일을 찾아갈 것이다. 그 둘 중의 누가 더 잘사는 것인지에 대해서는 아무도 이야기할 수 없다. 그저 그렇게 놀다가 떠나가는 것이다. 어쩌면 사람들은 자신이 인생 무대에 등장하는 순간에 받아드는 대본대로 열심히 살다가 예정된 한 편의 연극을 마치고 간다는 생각을 해본다. 다만 중요한 것은 어떻게 놀다가 어떻게 가느냐가 문제인 것이다.

운세를 볼 것이 아니라 심장 뛰는 소리를 들으며 크게 웃으면서 "이제는 행복해질 시간이다."라고 외치면 몇십만 원의 부적보다 더 좋은 개운법이 될 것이다. 자신의 울타리만을 쳐다보지 말고 더없이 넓은 대자연을 바라볼 때 자신이 찾아야 할 길도 보일 것이다. 스산한 이 겨울 부지런히 마음의 항아리를 채우다 보면 행복도 보일 것이다.